どんな時代でも幸せをつかめる大人にする

つぶさない子育て

高濱正伸

PHP

無意識に「子どもをつぶす7つのケース」

1　なんとなく、小学3年生の2月から中学受験塾へ ⬇ 第1章

同級生が塾に通うとのママ友情報が。
「うちの子も通わせたほうが良いのでは？」となんとなくスタート。
しかし、その「なんとなく」が不幸の始まりに…。

2　両親の教育方針が違う ⬇ 第1章

妻は「先生にちゃんと言うんだよ。またやられたら『やめて』って言うのよ」
夫は「やられたらやり返せ！」
子ども同士のトラブルの対処法で板挟みに。「どちらを信じれば？」子どもは不安定に。

3　誰かと比較する ⬇ 第3章

「妹は優秀で…」「○○くんは、100点だったって」

親のちょっとしたひと言が、コンプレックスの原因に。

4「早く宿題を終わらせなさい」と伝える➡第5章

「さっさと勉強しなさい」「早く終わらせれば、たくさん遊べるでしょ」――。
実はその言い方が、我が子を勉強嫌いにする。そのメカニズムとは?

5 我が子を「かわいそうな子」にする➡第6章

我が子の不合格を親が引きずって、悲観的に。
悲しみに暮れる親が、子どもの自己肯定感を打ち砕く。

6 子どものイジメ問題に親が介入➡第8章

一刻も早くイジメを止めて、我が子を助けたい――。
しかし、そんな親の愛情がイジメを加速させる原因に。

7 転ばぬ先の杖を出す➡第9章

我が子を失敗させたくない! そんな親心は哲学者のルソーは、
「それが、子どもにとって一番残忍な行為」と言うが、その真意は?

まえがき

子育てに不安を抱えるお母さん、お父さん

子どもの人生の選択肢を増やしてあげたい。
あの時、子どもに「あれをやらせておけばよかった」と後悔したくない。
いつまでもシャキっとしない我が子を、立派な大人に育てたい。

これは、我が子を愛する親の偽らざる胸の内でしょう。だからこそ、熱心に習い事をさせるのですが、時に親の愛情が暴走し、いささか「やり過ぎだなぁ」と思う場面に遭遇します。

たとえば、スポーツでは「どうしてできないの!?」「○○くんに勝てなくて、悔しくないのか!?」、勉強では、「そんな点数じゃ、○○中学なんて入れないぞ」といった具合です。

一見、優秀な我が子に期待しているからこそ、のように思えますが、実際は「自分の不安をぶつけているだけ」ではないでしょうか。

私は教育者として、「ちゃんとした大人に育てなきゃ！」と頑張るお母さん、お父さんの姿を素晴らしいと感じます。しかし、それによって子どもが傷ついては本末転倒です。

もう少し、肩の力を抜いてみてはいかがでしょう？

そういきなり言われても、どうすればいいかわからない方は多いかもしれません。

そんなお母さん、お父さんたちに、私はこう伝えています。

子育ては、「伸ばすよりも、つぶさない」。

子どもは、大体なるようにしかならないものです。もちろん、諦めでも放任主義でもありません。そうではなく、**子ども自身の成長する力を信じて欲しいのです。**

子育てのプレッシャーに親がつぶされないために、そして、かわいい我が子を誤ってつぶさないために、本書が少しでも役に立てばと思います。

普通の家庭に潜む「子どもをつぶす罠」

初めまして。「花まる学習会」代表の高濱正伸です。「メシが食える大人に育てる」を指導理念として、教育に携わっています。

社会に出てから直面する様々な困難を自力で乗り越え、自立する。

その力を通じて、どんな世の中でも楽しく幸せに暮らせる大人になる。

子どもたちがそんな力を身につけられるよう、お手伝いをしているのです。

ただ、本書のゴールである「どんな世の中になっても、幸せを感じられる大人に育てる」ことにおいて、私は一抹の不安を覚えています。

花まる学習会で、たびたびこんな話題がのぼるからです。

優秀な大学を出て一流企業に就職し、生活に困らないお金があり、素敵なパートナーも子どももいる。厳しい競争を勝ち抜き、不自由のない暮らしを手に入れた。

それでも、あまり幸せを感じられない。そんな大人が増えている——。

様々な意見があるのでしょうが、根本的な原因は、**学歴や年収、資産など、形や数値で表せる世間の価値基準に振り回されているから**だと、私は思います。

恐ろしいのは、世間の価値に過剰適応した親が、それだけを基準に我が子を育てようとすることです。

よその大人ならいざ知らず、親にまで成績や偏差値といった評価だけで判断されたら、子どもはたまらない。これでは、つぶれる子がいてもおかしくありません。

「そんな極端な」と思われたかもしれませんが、一般的な家庭でもよく見る光景です。「みんな行ってるから」という理由だけで、我が子にお稽古や塾を始めさせた。そんな親ほど、無自覚にスポーツや受験といった競争に巻き込まれ、成績や偏差値といったモノサシで我が子を評価し始めるのです。

本当に、強くて賢い大人とは？

では、どうすれば我が子は「どんな世の中になっても幸せを感じられる大人」になれるのか？

それは、「自身の価値基準」を明確にするよう育てることです。

自分なりの哲学、モノの見方、軸、芯と言い換えてもいいでしょう。

自分にとって意味があること、ないこと。自分は何がしたいのか、したくないのか。何が好きか、嫌いか。何をすれば幸せか。お母さん、お父さん自身は答えられますか？

自分にとっての意味や意義を深く考えないまま大人になると、**世間の価値基準に振り回される人生になります。**

「あの子は勝ち組、私は負け組」――誰かと比べて卑屈になる。

「間違えたらどうしよう」――正解主義に囚われる。

「受験に失敗したら終わり」――物事を極端に考える。

なんとも、窮屈な生き方です。どうして、そんなもので自分の幸・不幸を決めてしまうのか。

「自分の幸せくらい、自分の心で決められる大人になれ」。

これが本書のメッセージです。自分の価値基準を確立し、自分で幸せを決められるようになれば、失敗したってそうそうつぶれません。

そのために、知識を学び、自分の頭で考え、世界を広げる。本来、勉強はそのためにするものですし、楽しいはずのものなのです。

実際に、子どもが自分の価値基準を確立し始めるのは、思春期に入ってからですが、そのためには下地が必要です。そして、なるべく早いうちにつくることが望ましいのです。

親は下地づくりのサポートに徹しましょう。

本書では、自分の価値基準を確立する基礎である自己肯定感、逆境を乗り越える力、切り替える力の育み方などを解説します。

同時に、子どもとの適切な距離感について考えていきます。

子どもを愛する親にとってはガマンどころかもしれませんが、関わりすぎず、伴走しましょう。

読み進めるうちに、親が「自身の価値基準」を見直すきっかけにもなるかもしれません。本書は**子育て本であると同時に、親を育てる本でもある**のです。

どう転んだって、人生は楽しめる。

我が子がそれを理解すれば、本当の意味で賢く、強い大人になれるでしょう。

すべての子どもには、自然にそう育つ素質が備わっているのです。

本書を読み終え、子ども自身の成長する力を信じられるようになった時、お母さん、お父さんの心は今よりもずっと軽くなっているはずです。

どんな時代でも幸せをつかめる大人にする
つぶさない子育て

目次

第2章 「自己肯定感」を育てることが、親の最大の仕事

第3章 自己肯定感を下げない「叱り方」

第4章 「とことん没頭」が、子どもの軸を育てる

第5章 子どもを勉強好きにする親、勉強嫌いにする親

第6章 子どもをつぶさない「中学受験」

第9章 「どんな時代でも、笑顔でいる大人」を育てる

装丁：鈴木大輔（ソウルデザイン）
本文デザイン：齋藤 稔
編集協力：杉山直隆
図版：メディアネット

第1章

親が「軸」を持てば、子どもはつぶれない

子どもがかわいいのに、つぶしてしまう理由

後悔する原因は「たった一つ」

我が子の意欲、関心、自信、才能の芽、成長――。

本書のテーマは、これらを「つぶさない子育て」ですが、そもそも、子どもをわざとつぶそうとする親などいません。大多数のお母さん、お父さんは、「子どもをのびのびと育てたい」と考えているものです。

ところが、そんな愛情を持って育児をしていたのに、振り返ってみると、「つぶしてしまう子育て」をしていた…。親が後悔するほとんどのケースがこれです。

なぜこのようなことが起こるのでしょうか。

理由はいろいろありますが、突き詰めると一つの原因に行き当たります。

それは、「親が『子育ての軸』を明確にしていないこと」です。

軸といっても、小難しい話ではありません。

要は「どんな大人に育ってほしいか」。それを踏まえて、**「そうした大人に育てるためにはどんな方針・方法で育てるか」「どうしつけるか」**。

これが明確になっているかどうかです。


「どう育ってほしいか」は、親だったら誰もが考えていることです。

元気にすくすく育ってほしい。

自分の頭で考えられる大人になってほしい。

困難に立ち向かえるたくましい子になってほしい——。


そうした願いを我が子の名前に込めた方もいらっしゃるでしょう。

ところが、具体的に「どのような教育方針・方法で育てるか」まで明確に落とし込めている人は少なく、「これがいいのではないか」「あれがいいのではないか」と手探りで子育てをしている人が多いのではないでしょうか。

他の家庭から影響を受けやすい親の特徴

教育方針や育て方が手探りになるのは、ある程度は仕方のないことです。親にとっても初めての子育てであればなおのこと。育児に正解はありませんから、悩むのが当たり前です。

しかし、両親の「子育ての軸」があまりにも漠然としていると、落とし穴にハマりやすくなります。

「○○ちゃんも△△くんもやっているから、うちの子にもさせなくちゃ」
「お兄ちゃんのいる□□ちゃんママにすすめられたから、うちも取り入れよう」

このように、他人の考えに影響された子育てをするようになるのです。

それでうまくいくこともあるでしょう。

しかし、他の子に合ったものが、自分の子に合うとは限りません。それを考えずに、**他人と同じことをした結果、我が子をつぶしてしまうこともある**のです。

「みんなやってるから」が招く中学受験の悲劇

その典型的な例が、中学受験です。

第6章で詳しくお話ししますが、中学受験には向き不向きがあります。性格によっては高校受験から始めた方が良い場合もあるので、我が子を見て判断することが必要です。

ところが、小学3年生ぐらいから、周囲の子が中学受験のために受験対策塾に通い始めるのを見て、中学受験を考えていなかった親も、

「うちの子も通わせた方がいいのでは？」

「今から行かないと間に合わないのでは？」

などと焦りを覚えるようになります。

それで、なんとなく我が子を受験対策塾に通わせるようになるのです。

中学受験に向いているかどうかはやってみないとわからないところもありますか

ら、塾の体験授業を利用してみることも一つの方法ではあります。
ただ注意したいのは、親が子ども以上に中学受験にのめりこんでしまうことです。我が子が受験対策塾に通ううちに、**親が「中学受験をしなくてはいけない」という考えに染まってしまい、中学受験に合わない子どもでも通わせ続けようとする**のです。

実力別にクラスが分けられたり、定期テストの結果で偏差値や点数を見たりすると、親はその結果に一喜一憂し、子どもに「もっと勉強しなさい！」とガミガミ言うようになります。受験対策塾から大量に出される宿題を子どもがしているのを見て、覚えが悪かったり、できなかったりすると、「なんでわからないの！」などとつい叱ってしまったりします。
ガミガミ言われたり、叱られたりすることで、だんだんと勉強がイヤになっていきます。少なくとも、これで勉強が好きになる子はいません。

子どもが勉強を嫌がるようになると、ますます成績が上がらなくなるので、親はますます焦り始めます。しまいには、そうした子をなんとか合格させようと、受験対策塾だけでなく、個別指導塾にも行かせたり、家庭教師を雇ったりするようになります。そうして力技で私立中学に入学させるわけです。

目いっぱい背伸びより「身の丈にあった」受験？

「それで私立中学に入れたのならいいじゃないか」と思うかもしれませんが、そうとは限りません。

なんとか擦《す》れ擦《す》れで合格した私立中学で、子どもは、クラスメイトが自分よりも頭がいい子だらけという事実に直面します。偏差値が高い中学ほど、そのような状況に陥りがちです。今まで小学校で「頭がいい」プライドがあった分、学力ヒエラルキーの下層に位置すれば、自信を失ってコンプレックスを抱くこともあるでしょう。

ここで「なにくそ！」と燃えるタイプならば本当の意味で見込みがありますが、大体は勉強嫌いになってしまいますから、受験が終わると一向に勉強しなくなります。するとと、学校の成績が伸びず、周囲からは「勉強ができない子」とみなされて、ますます自信を失ってしまいます。「中学に合格したあの時が、人生のピークでしたね」と、遠い目で語る我が子の未来なんて、誰が想像したいでしょうか。

ですが、私はこのような例をたくさん見てきました。

目いっぱい背伸びした学校を受験するのではなく、身の丈にあった受験をするという手もあるのです。その方が、のびのびと学生生活を満喫できるからです。受験そのものよりも、後の人生の方が大切であることを忘れないでください。

ここまで、負の面を語ってきましたが、もちろん私は、中学受験をすることは悪いこととは思いません。

むしろ、メリットの方が多いと思っています。

ただ、**「子どもが幸せな人生を歩む」ために、中学受験は必ずしも必要ではありません。少なくとも、希望していない子どもを無理に受験対策塾に通わせてまでやるものではない**のです。

読者の皆さんも、そんなことをしたら子どもがつぶれかねないことはご存じでしょう。しかし、子育ての軸があいまいだと、我が子につらい思いをさせてしまいます。

「他の子と違うことを恐れる」親の心理

お母さんやお父さんが他人の考えに左右されてしまう背景には、「我が子が他の子と違うことを恐れる」という心理もあります。

どちらかというとお母さんの方が、そうした心理に陥りやすい傾向があります。生物学的に、母親は群れになって子育てをするようにできているそうです。幼稚園バスが出発した後もママ友同士で話しているのは、その一つのあらわれですね。群れで子育てをすることには長所もある反面、短所もあります。群れにいる子どもたちの中で、自分の子だけ違うと不安になることです。だから、群れにいる人たちがしていることを無条件にマネしてしまうのです。

中学受験がそのわかりやすい例ですが、その傾向は他にも見られます。

ママ友の子たちが皆、同じ習い事をするのは、その一つです。

皆がピアノを習っていると、ピアノを習わせたくなるのです。我が子だけピアノに興味を示さず、虫探しに熱中していると不安を感じ、「虫探しもいいけど、あなたもピアノの練習をしなさい」と言ってしまう…。こうして子どもの興味の芽をつぶしてしまうケースは少なくありません。

また、中学受験に関しては、親の受験コンプレックスが影響していることもよくあります。少しキツイ言い方になってしまいますが、自分に自慢できる学歴がなく、劣等感を抱いてきたため、「自分の子どもには高学歴になってほしい」と考えているお母さん、お父さんに私はたくさん出会ってきました。

ただ、それは子どものためというよりも、自分が「ブランド」を手にしたいという理由が少なくありません。つまり、他人の目を気にして、子どもを使って自慢できるブランドを手に入れようとしているわけです。自分の生き直しをしているといっても良いでしょう。子どもからしたら、いい迷惑です。

他人に左右されないために必要なのは、親が他人と違うことを恐れないこと。

「人は人、うちはうち」という子育ての軸を持つことが欠かせません。

子育ての軸をつくる基本的な考え方

「メシが食える大人」「モテる人」を育てる！

「子育ての軸」を確立させるためには、どうすればよいのでしょうか。

参考として、「花まる学習会の理念」についてお話しします。

花まる学習会では、「メシが食える大人」「モテる人」を育てる理念が根本にあります。「メシが食える大人」とは「自立・自活できる人」「将来、自立して幸せな生活を送れる人」のことです。

一流と言われる学校に入れば、一流と言われる企業に入ることができ、終身雇用で一生安泰…。このような人生設計は、完全に昔のものになりました。

世の中が目まぐるしく変わる今、どのようなキャリアを積むのが正解かなんて、誰にもわかりません。

現在の代表的な大企業がGAFA（グーグル、アマゾン、フェイスブック、アップル）等になることなど30年前に、誰が予想できたでしょうか。

目まぐるしい変化をとげる現代社会で生きていくためには、自分の頭で考えて、困難を乗り越えながら、自力で未来を切り拓ける能力が必要です。

そうした力を持つ大人こそが、人生を楽しめる「メシが食える大人」です。

メシが食える大人になるために欠かせない5つの基礎力は「ことばの力」「自分で考える力」「想い浮かべる力」「試そうとする力」「やり抜く力」と考えています。

授業ではこれらの力をつけることを目指しています。

一方で「モテる人」とは、異性だけでなく同性にも支持される、魅力的な人のことです。単にカッコいい、かわいいということではなく、「優しい」「思いやりがある」「バイタリティがある」「ユーモアがある」など、人間的な魅力を持つ人を指します。

なぜ、これが学習塾の目標なのか不思議に思う方もいらっしゃるかもしれませんね。

それは、**勉強ができるだけでは「正しくても面白くない大人」になってしまうから**です。有名校に進学しても、その後の長い人生には、「モテる力」が欠かせません。

「自己肯定感」と「没頭経験」を大切に

子どもを「メシが食える大人」「モテる人」に育てるための方法は様々ですが、大きく分けると、次の2つだと考えています。

「子どもの自己肯定感を育てること」「何かに没頭する体験を積んでもらうこと、子どもが没頭しているのを親が邪魔しないこと」です。

詳しくは第2章以降でお話ししますが、この2つを幼少期に十分に行っていれば、「メシが食える大人」「モテる人」としてのベースができます。

すると、自分の人生をどう歩んでいくかを自分で考えられるようになり、親に言われなくても、自分の意思で勉強するようになる。

どんな状況に置かれてもたくましく生きていけるようになる。少々の困難が降りかかってきても、自分の力ではねのけていける。そう考えています。

この哲学をもとに、花まる学習会では教材を作成し、様々な授業や課外活動を行っています。すべての講師がこの哲学を理解しているので、どの教室の授業を受けてもブレることがない、というわけです。

これは家庭でも同じこと。哲学と言えば大袈裟に聞こえますが、両親の軸がはっきりしていると、お母さんもお父さんも言動がブレなくなります。だから、子どもも混乱することがなくなり、安心して親から学び取っていくようになるのです。

もちろん、家庭環境が違う以上、子育ての軸は家族ごとに違ってきて当然で、その家族ごとに決めれば良いことです。

ただ、**「自己肯定感を育てること」「何かに没頭する体験を積んでもらうこと、子が没頭しているのを親が邪魔しないこと」は、どんな子育てであろうと必要**だと私は考えています。

「これ」を知れば、軸がもっと明確に！

子どもと大人の感覚の違い、わかっていますか？

子育ての軸を明確にするうえで重要なのは、子どもの特性を知ることです。
「どの子どもにも共通する特性」を押さえておくと、我が子に対する理解も深まります。「なんでこんなことをするのか？」と思うような我が子の不思議な行動を、他の子もしているということが、理解できるようになるのです。

「落ち着きなくチョロチョロ動く」
「やかましい」
「すぐに忘れる」
「何度言っても通じない」
「マイペースで動く」

我が子の行動に当てはまるものはありますか。9歳以下の子どもがいるお母さん、お父さんは、心当たりのあるものが2つ以上あるのではないでしょうか？

それもそのはず。ここで挙げたのはすべて、9歳以下の子どもたちに見られる基本的な特性です。言ってみれば、この年の子どもたちは成熟していない「オタマジャクシ」みたいなものです。私はこの年代を、「オタマジャクシ期」と呼んでいます。

これらの行動に対して、

「じっとしていなさい！」

「うるさい！」

「何回言ったらわかるの！」

「さっさとやりなさい！」

とガミガミ叱っても、子どもはなかなか実行できません。


とくに、「さっさとやりなさい」は「すぐに終わることなんだから」というのが前提にあると思います。

しかし、「すぐに終わる」というのは大人の感覚であって、子どもの感覚では「すぐに終わらないこと」なのです。オタマジャクシに陸の上で呼吸することを求めるぐらいムリなことです。

このような特性を理解していないと、子どもにムリなことをさせようとしてしまいます。すると、子どもが一向に言うことを聞かなくなったり、従順なフリをしたりするのです。

大人は誰でも、かつては小さな子どもだったわけですが、その頃に何を考えていたのか、その心理は意外と覚えていないものです。

覚えているのはせいぜい小学校高学年以降。その10歳以上の心の動きを、9歳以下も同じだと考えると、間違った教育をしてしまいがちです。

「子どもは、自分とはまったく違う習性を持っている」。そのような認識のもと、改めて子どもについて学び直すことが、つぶさない子育てをするうえでは非常に重要です。その特性については、第2章以降でもお話ししていきます。

夫婦間の「常識の壁」は早めに壊そう

子育ての軸を考える時に重要なのが、夫婦でよく話し合い、すり合わせを行うことです。お母さんとお父さんの考え方が食い違い、二人の言うことが異なると、子どもが混乱するからです。

しかし、ここに手強い壁が立ちはだかります。「夫婦間の常識」です。

育ってきた環境が違うから、セロリが好きだったり苦手だったりするくらいなら食卓に並べないだけで済みますが、食事のルールなんてどうでしょう。

夫はテレビを見ながら食事をする家で育ったけれど、妻は食事が終わるまでテレビは禁止の家で育った。さて、子どもがいる前ではどうしますか？

夫と妻の哲学がまったく同じ、ということはまずありません。軸の基盤になっているのはこれまでの自分の経験なので、育ちが違うと大きく異なります。

学校選びもそうでしょう。妻が私立中学校、夫が公立中学校出身だと、妻が中学受験に積極的になる一方、夫は受験に消極的ということがよく見られます。

子どもが、受験勉強が嫌で泣いている時に、夫が「別にもう勉強しなくていいよ」などと言ってしまい、妻が「余計なことを言わないで！」とキレる…。

こんなことが起こりやすくなります。

また、我が子が友だちに腕をかまれて、歯型をつけて帰ってきた時に、妻は「先生にちゃんと言うんだよ。またやられたら『やめて』って言うのよ」と言うのに対して、夫は「やられたらやり返せ！」などと言うようなこともあるでしょう。

これでは、子どもは両親の板挟みになって混乱するだけです。

こうしたすれ違いが積み重なって夫婦仲が悪くなると、子どもは不安定に育ってしまいます。子育てについて、夫婦が完璧にわかりあうことはなかなか簡単ではありませんが、まずは家庭内の常識を一致させるよう努めましょう。

こまめに夫婦で話し合っていれば、軸ができてきますし、子どもが混乱することは減ります。**お互いに歩み寄れるかによって、子どもが幸せな人生を歩めるかどうかが決まるといっても過言ではありません。**

家訓をつくろう！

子育ての軸を家族全員で共有するためにおすすめなのは、「家訓」をつくることです。令和時代になんて古風な、と思わないでください。私は、多様な価値観が溢《あふ》れて混乱しがちな今だからこそ、我が子が立ち返る原点が必要だと考えています。

大袈裟《おおげさ》に言うのならば、家訓はその家の独自の「価値観」や「信念」を表わすもの。ですから、世間の常識と照らし合わせる必要なんてありません。

たとえば、社会に出てからチームワークは欠かせませんが、それより「多少ワガママでも我が道を突き進む強さを持ってほしい」というのがあっても、良いと思うのです。そうした家庭であれば、家訓は

「熱中するほど、面白いモノを見つけなさい」

「冒険者たれ」
「自由と責任はセット」
といったところでしょうか。

ベースにあるのは、家族、ひいては我が子が「どんな世の中になっても、幸せに暮らすために必要な考え方」であり、「その家族らしく（自分らしく）生きていくために必要な軸」です。家訓とは、それをシンプルに表現したメッセージなのです。

いくつもあると覚えきれなくなるので、重要性が高いと思うことを家訓にすると良いでしょう。単語でもキャッチフレーズでも構いません。哲学を覚えやすい形にまとめるのです。

夫婦で、時には子どもを交えて考えてみても、良いかもしれません。

これらの家訓を書いたものを、よく目につくところに貼っておくと、その内容が頭に沁み込んで、自然と意識するようになります。

ぜひやってみてください。

第2章

「自己肯定感」を育てることが、親の最大の仕事

なぜ、自己肯定感が不可欠なのか？

自己肯定感は「人生を歩むベース」になる

我が子を、「将来、自立して幸せな生活を送れる人」に育てるうえで、親の最大の役割と言えるのが、「自己肯定感を育てる」ことです。


自己肯定感とは、自分をポジティブに捉える感情のこと。

もう少しかみ砕くと、

「自分には価値がある」

「自分は存在意義がある」

「私はここでやっていける」

「僕はやればできる！」

「難しそうだけど、私ならできる」

そんな自分に対する自信のようなものです。

なぜ自己肯定感を育てることが最も重要かというと、自己肯定感は人生のあらゆる場面で自分を支えるベースになるからです。

勉強で難しい問題が出たとしても、「私ならできる」と思えれば、あきらめることなく問題に取り組めます。

スポーツで試合に臨む時も「私は活躍できる」と思えれば、積極的にプレーできるでしょう。

学芸会の時も、「自分なら皆の前でうまくできる」と主役や大事な役に手を挙げてチャンスを掴《つか》みやすくなるでしょうし、本番でも自信を持って演じられるでしょう。

こうして自信を持って行動すれば、良い結果が出ます。それがまた自分の自信につながり、いっそう自己肯定感が高まります。良い循環が生まれるわけです。

こうなると、「また良い気分を味わいたい」という気になりますから、親が何も言わなくても、能動的に勉強やスポーツに取り組むようになります。

逆に自己肯定感が低いと、自信がなく消極的に行動するので、結果が出ません。ますます、自己肯定感が低くなるという悪循環に陥ってしまいます。

このように子どもの時から自己肯定感を育んできた子どもと、自己肯定感を持てなかった子ども。どちらが、中学、高校、大学、そして社会人になってから、自立して幸せな生活を送れるかは、言うまでもありません。

「成長し続ける子」は何が違うのか？

自己肯定感が真価を発揮するのは、人生がうまくいっている時よりも、むしろ困難に直面したり、挫折したりした時です。

たとえば第1志望の大学に落ちてしまった時、自己肯定感が低い人は「もう人生終わりだ」「第2志望も落ちるのでは」とネガティブに考えます。

一方で、自己肯定感が高い人は、「第1志望は難しかったけれど、自分の力は出しきった」「第2志望が残っている。切り替えよう」と状況をポジティブにとらえます。第2志望の試験で集中して力を出しきれるのは、自己肯定感の高い人です。

また、自己肯定感は今後の人生の伸びにも大きく影響します。

たとえば、就職して仕事でキツい営業ノルマを課された時。

自己肯定感が低い人は、「こんなノルマ達成できるわけがない」と考えるでしょう。

ここでも、自己肯定感が高い人ならば、「大変だけど、私ならできる」「これができたら、僕が同期で一番だ」などとポジティブに考えます。

さらに自己肯定感がすごく高い人だと、「1カ月で20件ということは1日1件取ればいいわけか。それなら2件取れるか挑戦しよう」とゲーム化してしまったり、「今日も1件契約が取れた。着実にノルマに近づいている俺ってすごい」と逆境を楽しんでしまったりもします。

また、たとえクレームのようなトラブルであっても、「ま、別に死ぬわけじゃないから」といった具合に、多少困難なことがあったくらいでは動じなくなります。

ここまでくれば、我が子は何の心配も要りません。目の前の様々な課題を次々とクリアしてどんどん成長していきます。どんな困難が立ちはだかろうと、必ずや乗り越えていくでしょう。

一方、自己肯定感が低い人は、成長が止まってしまいます。「自分にはできない」と思うだけでなく、他人のせいにしたりするからです。

前述した営業ノルマの例で言うと、

「なんで自分ばっかりこんな目にあわなきゃいけないのか」

「同級生の○○は楽しそう。私もあの会社を受ければ良かった」

「上司が教えてくれないのが悪い」

「営業先の担当者が理解してくれないのが悪い」

とグチを言うようになります。他責とグチ。これは伸びない人の典型的な姿です。

自己肯定感はいつからでも育てられますが、幼児期や児童期に自己否定感を持ってしまうと、そのネガティブな感情をひっくり返すのが難しくなります。

幼児期や児童期に育んでおくことに越したことはないのです。

「無条件の愛を注ぐ」に、勝る方法なし

子どもの自己肯定感は、一度良いサイクルに入ってしまえば、親があれこれ言わな

くても、どんどん高まっていきます。
その最初のとっかかりをつくることが親の役目です。

子どもの自己肯定感を高めるために、親がするべきことは3つあります。

1つ目は、「無条件の愛を注ぎ込むこと」です。

「あなたのことが大好き」
「あなたが生まれてきてくれて良かった」
「あなたがそこにいてくれるだけで幸せ」
と、普段から言葉や態度で伝えましょう。頭をなでたり、ギュッと抱きしめたり、スキンシップもたくさんとってください。

こうして親の愛情に包まれると、子どもは
「自分はお母さん、お父さんに愛されている」
「お母さん、お父さんはいつも私のことを見てくれている」
「私（僕）はこの世界にいていいんだ」

と温かい気持ちになれます。

先日、幸福学研究の第一人者である前野隆司先生と対談をしたのですが、こんな意味のことをおっしゃっていました。

「人間の脳は外側の大脳皮質の部分に知的情報がすべて集まっていて、ここが進化したからこそ、言語も計算も論理もできるようになり、文明を築けた」と。

ただ、「内側の延髄や小脳は使っていないかというと、それはそれですごく重要な役割を果たしていて、ここで感情やカンなどを司っている」のだそうです。

親の無条件の愛はこの部分に効くのだと思います。

「この世界を、信じていい」希望を育む

親の愛に包まれていると、「自己肯定感」だけでなく、「世界肯定感」も持てるようになります。

世界肯定感とは「この世界は素晴らしい」「良いことがたくさんある」「決して敵だ

らけじゃないぞ」といった、世界に対する安心感のことです。

この安心感があると、世の中のことをポジティブにとらえるようになり、ひねくれた見方をしなくなります。

挫折しても、へこんでしまったゴムボールのようにすぐに元通りになるのです。

おばあちゃんやおじいちゃんからの無条件の愛によって、自己肯定感を高められたという人もいます。

なお、**無条件の愛は、血のつながりのない人から受けてももちろん効果があります。**

逆に言うと、無条件の愛を誰からも受けていないと、自己肯定感や世界肯定感は低くなります。

すると、「僕なんていなくたっていいんだ」「こんな世界、信じられない」というネガティブな意識を持つようになってしまいます。

ほめることは、重要。だけど…

子どもの自己肯定感を高めるために、親がするべきことの**2つ目は、「ほめること」です。**

「テストで100点を取った」
「書道で7級に昇格した」
「サッカーでゴールを決めた」
「床をぞうきんがけした」

自分がしたことをほめてもらえると、自己肯定感が高まりますし、何より子どもは親が喜ぶ姿を見ると嬉しくなるものなのです。

すると、「もっと頑張ろう」という気持ちになり、勉強やスポーツ、お手伝いに精を出すようになります。

ただし、やみくもにほめればいいというわけではありません。

間違ったほめ方をすると、子どもは「お母さん（お父さん）は自分が自信をなくさないように、あえてほめている」と見抜き、非常に嫌がります。

場合によっては「自分には良いところがない」と自己肯定感を下げることや、親を軽蔑することすらあります。子どもだからといって、あなどってはいけません。

やってはいけないほめ方の筆頭が「的外れなところをほめること」です。

ある商社マンの事例です。お父さんは海外での仕事が多く、3カ月に1回ぐらいしか自宅に帰れません。

久々に帰ってきた時、「たまにはあなた、勉強を見てあげて」と妻に言われて、算数の勉強を見てあげたそうです。それで、2ケタ×2ケタの掛け算を解いていたので、「お前、できるようになったんだ！　すごいな！」とほめたのです。

すると、予想外の反応がかえってきました。我が子に「あのー、2か月前からできるんだけど」と冷たく言われたそうです。

子どもは日々成長しています。それに伴い、課題も変化するのです。

そこで、親からすでにクリアしたことをほめられても、我が子は「何を今さら…、自分のことをわかってくれていないんだな」とシラけてしまいます。

本来ならば、夫婦で我が子の課題を常に共有しておくべきですが、子どもの課題を知らないのであれば、無理してほめないことです。

かといって、親が子どもの課題を知らないのも問題があります。**子どもは、「知らない」＝「自分に関心がない」＝「自分の評価が低い」と考える**からです。

我が子の課題を把握する理想的な方法は、我が子と時間を共有する際にさりげなく聞き出すことです。たとえば、我が子と一緒に歩いている時に、雑談の中で「最近、サッカーどうなの？」などと水を向けましょう。すると、「最近リフティングが続かないんだ。意識するとかえって上手くいかなくて…」などと、話してくれます。

また、**「配慮でほめること」もしてはいけません。**はげましたり、なぐさめたりするために、良いところを探してほめようとすると、子どもはその真意を見抜きます。

そのわかりやすい例が、ある障がい者施設を高校生が見学した時のことです。

脳性まひで身体に障がいを持った子が寝返りを打った時、引率の先生が「寝返り打てるんだねー！　えらい！」と言いました。すると、その障がいを持った子が「うわーっ」と泣き出してしまったそうです。

その子は知的障がいがなかったので、相手の話はわかります。それを聞いて、「寝返りなんて、0歳からしていますけど。それじゃ赤ちゃん扱いじゃないか」と傷ついてしまったのですね。

実は、ほめることは一歩間違えると人を傷つけてしまう行為でもあります。不用意にほめると、かえって自己肯定感を下げてしまう恐れがあるのです。

ほめ方3か条は「詳しく・認める・全身で」

ほめることで、子どもの自己肯定感を高めたいなら、3つのポイント「詳しく・認める・全身で」を意識しましょう。

1．詳しく

ぼんやりとほめるのではなく、具体的に「ここが良かった」とほめましょう。

たとえば、国語のテストが100点だった時、「100点でえらかったね」と言うと、結果だけをほめていることになります。結果だけをほめると、結果さえ良ければいいと考えるようになります。

そうではなく、

「文章題をよく読んで、考えられていてすごいね」

「見直しをしっかりしてすごいね」

と**具体的にほめましょう。**

すると、子どもが「何が良かったのか」「何が大切か」を正確に理解することができます。


また、塗り絵をしているとしたら、「きれい」「じょうず」だけでなく、

「何ページもやるなんて、頑張り屋さんだね」

「お母さんこの色好きだな。きれいだね」

と具体的にほめると良いでしょう。


具体的にほめるには、我が子が何に挑戦したいかを知っておくことも大切です。それを達成した時にほめると、「お母さん（お父さん）は自分のことをわかってくれている」と嬉しくなりますし、自信もつきます。

たとえば、二重跳びができるようになりたいと練習していて、二重跳びに成功したらそこをほめるわけです。そこで「二重跳びできるようになったね」と軽く言うぐらいでも十分効果があります。

課題を知るためには、本人に直接聞いても良いですが、普段からよく観察しておきましょう。また、習い事は頻繁《ひんぱん》に見に行ってあげましょう。

2. 認める

ほめるというと、「よくできたことをほめる」というイメージがありますが、それだけではありません。**「単に子どもがやっていることを口にする」だけでもOK**です。

なにも、無理矢理ほめるポイントを探さなくても構わないのです。

たとえば、宿題をやっているのなら、様子を見に行って「今、宿題をやっているんだね」と声をかけてあげます。

すると、子どもは

「ああ、しっかりと見てくれている」

「認めてくれている」

「自分のしていることを肯定してくれている」

と、ほめられたように感じます。

3. 全身で

ほめる時は、子どもの目を見て、感情を込めましょう。口先だけでほめると、見抜かれてしまいます。

9歳以下のオタマジャクシの頃は、頭をなでたり、抱きしめたり、スキンシップをとると喜びます。それ以上の年齢の子には「握手」するのも良いでしょう。

オーバーアクションでほめる必要はありません。あまりやり過ぎてしまうと、子どもに「ウソっぽい…」と思われるだけです。

友達からの「○○ちゃん、すごい！」で、子どもは変わる

子どもの自己肯定感を高めるために、親がするべきことの3つ目は、「社会的自信がつくようにお膳立てをすること」です。

もう少しかみ砕いて言えば、友達から、

「〇〇くん、すっげー！」
「〇〇ちゃん、こんなのできるの？」
と尊敬されたり、承認されたりする機会をつくることです。

小学生になると、子どもは、「足が速い」「計算が速い」など、様々な社会的評価を気にするようになります。

そのような中で、友達にほめられることは、子どもの自己肯定感を大きく高めます。子どもは、大人のように配慮でほめることがないからです。本気で言われると、「多くの人がいる社会で、私（僕）はやっていける」という自信がみなぎってきます。

「字が上手」「恐竜に詳しい」「工作が得意」。ほめられるポイントは、友だちから一目置かれることなら何でも構いません。

実は、この社会的自信をつけることが、学校に行く意味でもあります。

花まる学習会でキャンプに行く目的も、野外活動で「すっげー！」と言われる機会をつくり出すためでもあります。

ただ、社会的自信をつけるにあたって、放っておいても友だちからほめられるような子なら良いのですが、そうでない子は、活躍している子を見て自信を失ってしまいます。とくに引っ込み思案な子は、活発な子に気圧《けお》されてしまうので、自分の良いところを発揮できず、自信を失いがちです。

そこで、親がひそかにお膳立てをしてあげるというわけです。

子どもの習い事、何させる？

「マイナー競技」で自信をつけさせる

才能あふれる我が子に期待し、あれこれと手を貸し過ぎる親がいる一方、「平凡な我が子」に何か武器を…と考えるお母さん、お父さんも少なくないでしょう。

そうした子をお膳立てする方法として、ぜひ行ってほしいのが、**様々な習い事を試す機会を与えること**です。

何が向いているかは、やってみないとわかりません。いろいろ試していれば、いつかはその子に合ったものが見つかるものです。習い事を絞っていくのは、それからでも遅くはないでしょう。

私がおすすめするのは、皆がやらないマイナーな競技です。

サッカーやバレエなど、メジャーな習い事の中で抜きん出るのは簡単ではありません。人気で競争率が激しいうえに、才能のある子どもばかり集まるからです。

それに対し、比較的マイナーな競技であれば、競技人口が少ないので、結果を残しやすい傾向があります。いきなり全国大会に出られるような競技もあります。

そこで、「全国大会で2位になった」などといったわかりやすい結果を出すと、「○○くんは全国大会に出ている」と学校でも一目置かれ、自信につながるのです。

実際、ある有名な公立中学校の教師が、不良だらけの陸上部を立て直した例があります。その方法は、マイナー競技で日本一を目指すことでした。１００m走では勝負にならないので、円盤投げや砲丸投げなどに照準を絞ったのです。

すると、県大会や全国大会に出られて、自信がつく。そしてついには日本一になってしまったのです。トランポリン、ホッケー、カーリング、カバディ、スポーツチャンバラ…。何でも良いでしょう。

親と子で習う「武道のススメ」

男の子の場合、友だちから一目置かれやすいのは「武道」です。

男の子は強さが一目置かれるかどうかのバロメーターになるので、「剣道をやっている」「空手を習っている」というだけで、「おっ!」と思われます。大きな声を出しますし、姿勢が良くなるので、自信があるように見えます。まして、有段者、黒帯にでもなれば、間違いなく一目置かれるようになるでしょう。

とくに、優しく育ったはいいものの、小学生になってもシャキっとしない我が子が心配な方におすすめです。

武道の良いところは、それだけではありません。武道は「道」なので、何かを極めるためのポイントが無意識に学べます。また、呼吸法や礼儀作法といった、他のことにも応用が効くことを身につけられるのも良いところです。

子どもに習わせると同時に、親も武道を習い始めるケースも少なくありません。子どもと一緒に学ぶことで、コミュニケーションの機会が増えますし、なにより成長を間近で実感できます。

気分転換にもなると思いますので、一石二鳥ではないでしょうか。

ただし、親がやらせたいものだとしても、子どもが興味を示さなかったり、嫌がったりしたら、無理にやらせないようにしましょう。

どう防ぐ？ きょうだい間の嫉妬問題

兄や姉が、弟や妹に劣等感を持つ時

子どもの自己肯定感を育てるうえで見落としてはいけないのが、「兄弟姉妹との関係性」です。実は、兄弟姉妹の影響でコンプレックスを持ち、自己肯定感が低くなることは少なくありません。

なかでもよくあるのが、「兄や姉が、弟や妹に劣等感を抱く」ケースです。

運動にしても勉強にしても、弟や妹の方が、兄や姉の同じ年齢の時よりも要領よくできるということは、よくあります。年の差がほとんどない場合は、下の子の方が足が速いなどということもあり得ます。

すると、弟や妹がもてはやされるのを見て、「どうせ自分は…」と強い劣等感を抱くようになります。

何かをする前から諦めるような言動や行動が出てきたら要注意。

「自分がやってもどうせほめてもらえないだろう」

「それで傷つくのはイヤだ」

と初めから拒否しているのです。

ただでさえ、下の子が自分よりもかわいがられたり、ほめられたりするのを見て、上の子は寂しい思いをしているのです。さらに自分の方が劣っている、という事実を叩きつけられれば、自己肯定感が低くなるのは当然です。

もし、そういう傾向が見られた時は、必ずケアしましょう。

ただし、前述したように、見当外れのことをほめたり、「配慮」でほめたりすると、ますます傷ついてしまいます。「妹思いの良いお兄ちゃんだな！」などと変なほめ方をすると、間違いなく殻に閉じこもってしまいます。

最も良いのは、**上の子の方が圧倒的に得意なものをつくってあげる**ことです。

その一つの方法が、きょうだいでまったく違う習い事をすること。

「お兄ちゃんだけが将棋をしていて、同年代の子に連戦連勝」というように、友達に尊敬されるようになると、自己肯定感が一気に高まるでしょう。

あえて特別扱いする「ひとりっ子作戦」とは？

もう一つ、**兄弟姉妹間のコンプレックスに有効なのが、「ひとりっ子作戦」**です。

どういうことかというと、「お母さん（もしくはお父さん）とその子だけ、という二人だけの時間をつくる」ということです。

たとえば、「お母さんとお姉ちゃんの二人だけで買い物に行く」というように、どこかへ出かけるのが一番良いのですが、難しい場合は1日5～10分、上の子一人を別の部屋に呼んで、今日起きたことを聞いてあげる程度でも大丈夫です。小さい子なら抱っこしてあげると良いでしょう。

すると、それだけでも、子どもは「お母さん、お父さんを独り占めにしている」と思えるものです。

日頃から、妹や弟のために我慢を強いられて「ずるい！」と感じている上の子ほど効果的です。「自分は確かにお母さん、お父さんから愛されている」という感覚を持ち直せば、自己肯定感や世界肯定感を取り戻せるでしょう。

たった5～10分の「ひとりっ子時間」があるだけで、その子は一日上機嫌で生きていけます。**大人から見たら「たった5分」でも、子どもにとっては「かけがえのない5分」**なのです。

第3章

自己肯定感を下げない「叱り方」

子どもの叱り方って、やっぱり難しい！

叱ってはいけないって、ホント？

お母さん、お父さんが「つぶさない子育て」を考える時に、よく悩むのが、「子どもを叱ること」です。

「子どもを叱っても良いのでしょうか？」

花まる学習会に通う子のお母さん、お父さんから、こんな質問をされることがよくあります。

最近は「子どもを叱ってはいけない」というアドバイスをする「専門家」が少なくありません。

それを聞いて、「厳しく叱ったら子どもがつぶれてしまう」「自己肯定感が低くなるから、叱ってはいけない」と考えるようです。

しかし、野放しにしておくと、子どもはやりたい放題。「こんなことをしてはいけないよ」と優しく諭しても、言うことを聞いてくれません。

そんな姿を見ているうちにイライラしてきて、ついに大爆発！

「しまった、つい怒ってしまった。ガミガミ言い過ぎたかな…」と自己嫌悪に陥ってしまう。心当たりがある人も多いのではないでしょうか。

子どもをまったく叱ってはいけないか、というと、決してそんなことはありません。厳しく叱らないとわからないことはたくさんありますから、叱ることはやはり必要です。

ただ、単に厳しく叱るだけでは、子どもは聞く耳を持ちません。そこは上手に叱る必要があります。

子どもの自信を喪失させることなく子どもをきちんと教育できる叱り方について、お教えします。

「叱る基準」をしっかり決めよう

子どもをつぶすことなく、効果的に叱るためには、「叱る基準」をはっきりさせることが大切です。

第1章でもお話ししましたが、子どもを教育する時には、親が「軸」を明確にすることが欠かせません。叱ることに関しても同様です。

子どもを叱る一番の目的は「それをしてはいけない」ということを伝えること。「してはいけないこと」をした時に叱ることで、子どもは何をしてはいけないかを覚えていきます。

その基準がはっきりしていないと、子どもは「なぜ叱られているのか」「何をしたらいけないのか」を理解できないのです。

どんな子に育ってほしいのかというメッセージも効果的に伝えられないでしょう。

基準のない注意は子どもを戸惑わせるだけです。叱っても効果が乏しいどころか、意味もわからず叱られて、「自分はダメな人間なんだ」と思い込んでしまい、自己肯定感が低くなります。

こうしたことを防ぐためにも、叱る基準をはっきりさせましょう。

そして、基準に反したら叱る一方、基準にないことは叱らないのもポイントです。

これを徹底することで、子どもは「何をしてはいけないのか」を理解していきます。

例外を認めない厳しさも必要

叱る基準に正解はありません。家訓と同じように、それぞれの家庭の価値観に沿って決めれば良いでしょう。

たとえば、「将来メシが食えなくなるようなことをしたら叱る」という基準を持てば良いと考えています。「将来メシが食えなくなるようなこと」をもう少しかみ砕いて言えば、「我が子が将来、自立して幸せになるために、してはいけないこと」です。

「友達をモノで叩く、先の尖ったもので刺す」
「友達のものを盗む」
「わざと物を壊す」

このような「大人になっても続けていたら犯罪行為になる」ことをしたら、厳しく叱らないといけません。**社会のルールとして許されないことをしたら、厳しく叱るべきです。**

また、「誰かの悪口を言う」「嘘をつく」というような「人間関係を構築するうえでやってはいけないこと」も、メシが食えなくなることにつながりますから、叱った方が良いでしょう。

成長するにつれて、子どもは悪い言葉を使いたがります。健全な成長過程なのである程度は仕方ありませんが、あまりにひどい場合は叱りましょう。

「メシが食える大人になる」という基準から考えると、「やると決めたことをやらなかった」時も、叱る必要があります。

たとえば、「夜寝る前に、次の日の準備をする」「朝は7時に起きる」と決めたのに、毎日準備をしないで寝てしまい、寝坊を繰り返したら注意しないといけません。

また、「お風呂を洗う」「犬の散歩をする」というような、子どもが毎日すると決めた日課やお手伝いをしなかった時も、叱りましょう。

「いつもよくやってくれているから今日は多めに見るか」「たまにはしかたないか」とつい基準をゆるめたくなるかもしれませんが、甘やかすことなく、やると決めたことをやりきることは、メシを食える大人になるためには重要です。

「悪気なくやってしまったこと」は叱らない

一方で、私が厳しく叱ってはいけないと考えるのは、「悪気なくおこしてしまったこと」です。

たとえば低学年くらいだと、まだおねしょを自分でコントロールできない子もいます。それをガミガミ言うと、子どもは傷ついてしまいます。

「寝る前にお水をたくさん飲まないようにしようね」

「トイレにちゃんと行くようにしようね」

と対処法を伝えるだけにとどめましょう。

また、第1章でもお話ししましたが、9歳以下の「オタマジャクシ期」の子どもたちは、「落ち着きなくチョロチョロ動く」「やかましい」「忘れっぽい」「何度言っても通じない」「マイペースで動く」という基本的な特性があります。

そうした行動に対して、「じっとしていなさい！」「うるさい！」「何回言ったらわかるの！」「早くしなさい！」とガミガミ叱っても、子どもたちはできません。

「電車の中を駆け回る」というような、明らかに周囲の迷惑になることは止めなければなりませんが、授業中にソワソワするぐらいなら、強く叱る必要はないでしょう。

このように、一つひとつ考えて、我が家の「叱る基準」をつくってみてください。

子どもをつぶさない「叱り方三原則」

子どもをつぶすことなく、効果的に叱るためには、「叱り方」が重要な鍵を握ります。私がすすめるのは「厳しく・短く・あとをひかず」の3つ。一つひとつ説明していきましょう。

1．厳しく

「厳しく言うと、トラウマが残りませんか？」などと気にするお母さん、お父さんがいますが、優しく言う必要はありません。**むしろ、厳しく言わないのも罪です。**守らなければならないことをきちんと言い聞かせないと、後で困るのは子どもだからです。優しく理屈で言い聞かせようとしても、理解してくれません。

子どもは自分のことを思って叱ってくれた人のことを大好きになる生き物です。多少厳しくしたとしても、根っこに愛情があればわかってくれますし、回復も早いものです。

2. 短く

多くのお母さん、お父さんがやってしまいがちなのは、「ダラダラと叱ってしまうこと」です。1回言うだけではおさまらず、何度も何度も同じことをネチネチと言ってしまった経験はありませんか。


「そういえば、勉強はやったの？」

「今朝だって寝坊するし」

「年少の時だってピアノすぐやめたよね！」

他のことや過去の失敗も持ち出し、くどくどと説教する。

自分でも嫌だと思いながら一度スイッチが入ってしまうと、もう止められない。


このような叱り方を、私は「八ヶ岳連峰型」と呼んでいますが、これは子どもをイヤな気持ちにさせるだけで、しつけの効果はありません。

大人だって長々と説教をされたら頭に入ってこないでしょう。

本当にしつけをしたいなら、ビシッと短く伝える「富士山型」を心がけましょう。

何度言ってもわからないのは、「忘れっぽい」という子どもの特性から来ているので仕方ありません。同じタイミングで長々と言うのではなく、違うタイミングで、「短く」何度も繰り返し言うことが大切です。

3. あとをひかず

一通り叱った後、「わかったわね！」とピリオドを打ったはずなのに、お母さんがイライラし続けている。言われたこともきちんとして、「もうそろそろいいかな？」と思って、「ママ」と声をかけると、「なに!?」とまだ怒った顔をしている…。

これもありがちですが、良いことはありません。**ずっと怒った顔をしていると、子どもを不安にし続けることになります。**子どもも自分の心を守ろうとしますから、親に本音を打ち明けにくくなるでしょう。

また、思春期あたりになれば、次第に叱られ慣れしてしまい、「ハイハイ、またキレてるわ」と、いざという時に叱っても響かなくなる恐れもあります。

叱ったら、尾を引かないように注意しましょう。

厳しく叱れない人は、ここぞの場面で「能面作戦」

「厳しく叱りましょう」と言うと「厳しくできないんです…」とお母さんから相談されることがあります。

「高濱先生みたいにコラーッと叱れないんです。声が裏返ったり、上ずったりしてしまって。そうすると、子どもに笑われてしまうんですよね」と言うのです。お父さんよりもお母さんにありがちな悩みです。

そんなお母さんにおすすめしているのが「能面作戦」です。

能面のような表情で、**「○○さん、ちょっとここに来て、座りなさい」とあえて「さん付け」で、声のトーンを下げて呼ぶのがコツです。**そして、子どもの目を真正面から見て、冷たく丁寧な口調で、何が悪かったのかを伝えるのです。

すると、大声で厳しく叱るよりも効果てきめんということがあります。なぜなら、お母さんが能面のような表情になると、子どもはものすごく不安になるからです。

子どもは「お母さんが笑顔であること」を最大の報酬として生きています。では、お母さんが怒っているのはどうかというと、それを悪く思ってはいません。やいのやいの言われるうちは、バトルを楽しんでいるみたいに感じるところがあり、むしろ嬉しかったりします。わざと悪さをしたり、言葉遣いを悪くしたりして、関心を自分に引きつけようとすらします。そんなお母さんが、

「もうあなたに言っても無駄」

「あなたをどうにかしてあげようと思うのはもうやめた」

というような、人としての感情を失ったような顔をすると、子どもはものすごく不安になるのです。お調子者の男の子ですら、「あ、これガチなやつだ。今回は本当にヤバイ」と、本気で焦り始めます。

何度もすると効果も薄れるので、ここぞという時に能面をやりきりましょう。ただし、子どもを本当に「無視」するのはやめましょう。何がいけなかったかをは

つきり言わずに無視するのは、ただ単に子どもを追い詰めるだけです。

「ダメなものはダメ」「ウチはウチ」で大いに結構

「なんでこれをしてはいけないの？」
叱った時にそう聞かれることがあります。
「そんな時、やっぱり理由を説明しないといけないのでしょうか」という悩みを口にするお母さん、お父さんがいます。「理屈なしに叱ってはいけない」と考える理性的なお母さん、お父さんが多いのでしょう。とても素晴らしいことだと思います。

ですが、その質問に答える必要はありません。**「ダメなものはダメ」「他の家がどうであろうと、うちのルールではダメ」で十分です。**

なぜかというと、たいていのルールは「真実」ではなく「そうあるべきと決められたこと」にすぎないからです。

それどころか、下手に答えてしまうと、様々な言い訳をしたり、屁理屈で言い返してきたりするようになり、言うことを聞かなくなってしまうのです。

たとえば、「9時までに寝る」と決めているのに、いつまでも起きている子に対して、「なぜ9時に寝なければいけないのか」を説明する必要はありません。「とにかく寝なさい。うちではそういう決まりです」の一言でよいのです。

「だって、〇〇ちゃんの家は10時だよ?」と、他の家庭を引き合いに出して食い下がられても「〇〇ちゃんの家は、〇〇ちゃんの家。うちはうち」で構いません。議論の余地は与えません。そうすると子どもが嫌がるのではと思うかもしれませんが、それは大人の感覚で、子どもはしぶしぶでも納得するものです。

「叱る」と「ほめる」はセットで

「何をしてはいけないか」を子どもにしっかり伝えるためには、「叱る」と「ほめる」をうまく使い分けることも重要です。

たとえば、「オタマジャクシ期」の幼児が「落ち着きがない」のは仕方ありませんが、「目の前の人が話し始めたらちゃんと聞く」ということだけはきちんと覚えてもらう必要があります。

それができないと、小学校の先生の話を聞かなくなり、学校の勉強についていけなくなるからです。まして大人になっても、人の話を聞けないと、仕事に大きな支障をきたします。

もしお母さん、お父さんが話しているのに、ちゃんと聞かずに、「ねえねえ、それでさぁ」とまったく違う話を始めたら、「今、お母さんが話しているんだから、ちゃんと聞こうね」と叱りましょう。また、「ハイ」と返事はするものの、目を合わせて聞こうとしない時は、「人の話は、相手の目を見て聞くものですよ」と伝えましょう。

少しでもちゃんと聞けるようになったら、ほめてあげましょう。

第2章でもお話ししましたが、ほめ方のポイントは「具体的に伝えること」です。「今、お母さんの話を1回で聞けたね」「先生の顔を見て、ちゃんと話を聞けたね」などと具体的に良いところを伝えるのです。

このように、「叱る」と「ほめる」をセットで使うと、子どもは、「こうすればいいんだ」と納得できるのです。

やってはいけない「叱り方」

一緒になって叱らない。片方は味方に

子どもを叱る時に気をつけたいのは、「お母さんとお父さんで叱る基準を変えないこと」です。そこがズレていると、子どもが混乱してしまいます。夫婦できちんとすり合わせましょう。

また、両親が一緒になって叱るのは絶対にやめてください。子どもに逃げ場がなくなり、「世界が終わった」ような気分にさせてしまうからです。子どもを追い詰めすぎて、良いことは一つもありません。

もし子どもを叱る必要がある時は、両親のどちらか一方が叱り役になり、もう一方はカバーにまわりましょう。

「お父さんは○○ちゃんのためを思って言ってくれたんだよ」というようなことをカ

バーにまわる側の人が優しく言うと、子どもは泣きながらも、すぐに回復します。
ちなみに、叱る役はお母さんでもお父さんどちらでもかまいません。ただし、役はできるだけ交互にしてバランスをよく考えましょう。

シングルの方は、ご両親やごきょうだい、ご近所などのつながりの中で協力を求めてはいかがでしょうか。「私が厳しく叱った時は、おばあちゃん頼むわね」といった具合に、協力者に役割分担してもらうのです。

つい、シングルの方は「私がしっかりしなきゃ！」と気負いがちです。しかし、自分一人でやろうとすると、だんだん煮詰まってきてイライラしてきます。

もともと頼りあってやるべきなのが子育てなので、抱え込まないでできる範囲でやっていきましょう。

子どもに「追い打ち」はかけないで

もう一つ気をつけたいのは、「学校や習い事の先生と一緒になって叱らない」ということです。

たとえば、小学校で忘れ物をして、先生に叱られたとしましょう。その時、「本当、先生の言う通り、忘れ物が多いのね」
「何度同じ間違いを繰り返すの！」
というように、追い打ちをかけてはいけません。
親が先生と同じ評価者になると、「本当に自分はダメなんだ」と自信や自己肯定感を失ってしまうからです。

とくに9歳以下の「オタマジャクシ期」の子どもは、「忘れっぽい」特性があるので、このようなケアレスミスを起こしがちです。それをいちいち叱っていると、どんどん自分に自信がなくなっていってしまいます。

少なくとも「オタマジャクシ期」は、小さなミスをあまり責めないようにしてあげてください。**そして、その子の特性に合わせてフォローしてあげることが大切です。**

忘れ物をしてしまった時には、「ごめんね！　お母さんも忘れてた！」「前の日に、お母さんと一緒に準備しようね」と言ってあげるのです。

駅伝にたとえれば、一生懸命走れるように、水やスポンジを持って伴走するようなイメージです。「もっと速く走りなさい！　また抜かれたよ！」などと言ってはいけません。

存在の否定やおどしは、絶対に禁句

感情的に怒ってはいけないのは誰でも分かることですが、お母さん、お父さんも人間ですから、ついつい感情的になるのはある程度仕方のないことです。

しかし、そんな時でも絶対に言ってはいけない言葉があります。

まずは、**「子どもの存在を否定する言葉」です。**

どんなに怒っていても、

「あなたなんて産まなければ良かった」

「あなたなんかいなくてもいい」

「あなたなんかもう家族の一員ではない」

などと言ってはいけません。その子の存在を否定するようなことを言えば、決定的に萎縮してしまいます。

「次、〇〇したら、ご飯を抜くからね」

「今度××したら、おもちゃを捨てるからね」

といったおどし文句もやめましょう。


おどさなければ言うことをきかない子になってしまいますし、「〇〇したら、お菓子を買ってくれる?」などと交換条件を持ち出し始めることもあります。

誰かと無意識に比べていませんか?

誰かと比べて叱るのも、絶対にやめましょう。

とくに、兄弟姉妹間で比較するのは最悪です。

同級生ならまだしも、兄弟姉妹と比べるとものすごく傷つき、自己肯定感が著しく下がってしまいます。

「お母さんは弟の方が可愛かったみたい」

「お姉ちゃんのことばかり大事にしていた」

大人になっても引きずる人は少なくありません。それほど深い傷になります。

きょうだい仲も悪くなります。メリットは一つもありません。

お母さん、お父さんに比べるつもりはなくても、無意識に比較するようなことを言ってしまい、「自分よりも兄弟姉妹のことを大事にしていた」と誤解されることもあります。

「お兄ちゃんの1年生の時と比べると、こうだね」

「上の子は手がかからなかったのに、下の子は…」

などというようなことです。とくに強く比べているつもりはなくても、子どもたちは悪い方にとらえます。

兄弟姉妹はもちろん、友達と比べるのも、コンプレックスを生み出すだけで、良いことはありません。

比べていいのは、その子の過去とだけです。

感情のまま怒らないようにするには？

ここまで読んで、「わかってはいるけど、ついつい感情的に怒ってしまうんです…」と感じているお母さん、お父さんは多いのではないでしょうか。

普段冷静な人でも、我が子のことになると、なぜか感情的になってしまう、というのはよくある話です。単に感情的に怒っても、子どもを「メシの食える大人」に育てることはできません。冷静に叱ることが必要です。

自分を客観的に見るためには、次のようなことをすると良いでしょう。

頭の上に天使と悪魔がいると想像して、感情的に怒ろうとする自分に対してそれぞれが何を言っているのかを考えるのです。「今、爆発したらダメ！」「いいや、我慢できない」などとかわりに葛藤させると、冷静になれます。

また、「10数えてから叱る」というように、間を置くのも効果的です。

スマホの待受画面を子どものかわいい写真にしておき、それを見てから叱るようにすると、感情的に怒ることが減るでしょう。

「外とのつながり」をつくろう

また、感情的に怒ってしまう原因には、「お母さんの心に余裕がないこと」が挙げられます。
仕事が忙しく、家事・育児との両立に苦しんでいると、わかっていても、余裕をなくしてしまうものです。専業主婦も、日中、一人で家事と育児に奮闘していると、孤独感を覚え、精神的に不安定になっていきます。

そういう時には、自分一人で感情をコントロールするのは、難しいことです。

そこでおすすめしたいのが、お母さんが安心できる外の居場所をつくることです。

心を開いて話せるママ友をつくるのでも良いですし、実家の母にグチを聞いてもらうのでもOKです。ネット上で母親コミュニティのようなものに参加するのも一つの手です。週1日数時間、パートに出るでも良いですし、何か習い事をするのも良いでしょう。

そのように、外とのつながりの中に身を置いて、グチを言うだけでも、かなりガス抜きができます。出かけた先で、「あなた、ほんとに良く頑張っているよー」などと言われたら、自己嫌悪もやわらぎます。自分を客観的に見られるようになって、心の余裕ができ、心おだやかに子どもと接することができるでしょう。

第4章

「とことん没頭」が、子どもの軸を育てる

動物園で枝拾い。でも、「それでいい！」

せっかく動物園に来たのに、動物を見ないで、枝拾いばかりしている。
せっかくサッカーをしに来たのに、砂遊びばかりしている。
せっかく公園に来たのに、ミニカーをずっといじっている。

子どもにいろいろな経験をさせてあげようと考えて、あちこちに連れて行ったのに、親の思惑とはまったく違うことに熱中し始める…。

お母さん、お父さんなら、誰しもそんな子どもに戸惑った経験があるでしょう。

冒頭の例の他にも、石集め、ダンゴ虫探し、貝殻探し、魚の観察、積み木の積み上げ、空き箱制作…。子どもは、大人がやらせたいこととは裏腹に、自分が興味関心のある対象に深く没頭するものです。

その状態の時に、

「そんなことしていないで、動物を見ようよ」

「ちゃんとサッカーをやりなさい」

などと言っても、耳に入りません。「どうすれば、やってほしいことをやってくれるのか」。頭を悩ませているお母さん、お父さんも多いかもしれません。

しかし、それでいいのです。どんどん、やらせてあげてください。**どんなに取るに足らないことだとしても、子どもが没頭していることを止めてはいけません。**

なぜなら、子どもの頃に、自分が興味・関心のあることに没頭することは、自立した大人になるうえで不可欠だからです。

花まる学習会でも、子どもを「メシが食える大人」「モテる人」に育てるために、何かに没頭する経験を非常に重視しています。

没頭体験で得られる「3つのベース」

なぜ、子どもの頃に、何かに没頭する経験を積むことが必要なのでしょうか。

その理由は、**没頭経験を通じて、どんな世の中でも楽しく幸せに暮らせる大人になるベースが築き上げられる**からです。

そのベースは大きく、

1. **自分の「好きなこと・嫌いなこと」がわかっている**
2. **ハマる快感を知っている**
3. **没頭体験で伸びる力が備わっている**

の3つに分けられます。一つずつ解説しましょう。

1. 自分の「好きなこと・嫌いなこと」がわかっている

没頭できることを探して、あれこれ行動していると、

「自分が没頭できること」
「好きなこと」
「自分がそれほど没頭できないこと」
「嫌いなこと」

が徐々にわかってきます。

たとえば、友達たちが熱中しているゲームをやってみたけれども、意外とハマらな

かった。だけど、みんなが熱中しない泥ダンゴづくりは、食事も忘れて何時間でもやっていられる。表面が輝くまで、根気よく磨いていられる…。

こういう経験を重ねることで、子どもは自らの心の動きを感じ「自分が本当に関心のあること」に気づくのです。

こうして**「好き・嫌い」の感性を磨いていけば、いずれは「自分の価値基準」を言葉にできるようになります。**私はこれが、軸の形成でとくに大事だと考えています。

2.「ハマる快感」を知っている

これをしていると、楽しくて時間が経つのも忘れてしまう。終わった後は爽快感や達成感があり、できることなら明日も明後日もそれをしたい。

読者のお母さん、お父さんにも、何かしら「好きなこと」「没頭できること」があるはずです。ゲーム、映画、読書、手芸…。人によっては「仕事」がそうかもしれません。

没頭することに楽しさや喜びを感じるのは、大人だけでなく、子どもも同じです。

たとえば、公園や山、森などに行けば、木の枝、石、葉っぱ、まつぼっくり、どんぐりなど、興味をひくものが数多くあります。それらを見ると、子どもは、自分の興味関心に触れたものを探したり、集めたり、と思い思いの遊びを楽しみます。

子どもの想像力や遊ぶ力は実に豊かで、シンプルなものでも無限に遊べてしまいます。むしろ、枠組みのないシンプルなものだからこそ、無限に遊べるのでしょう。

木の枝一つとっても、杖や武器にしたり、土に埋めて立たせたり、枝を組み合わせて何かをつくったり、といろいろな遊び方をすることができます。

「葉っぱのついた枝を見つける」と自分で目標を決め、「きっと大きな木の下に落ちているに違いない」と仮説を立てるようなことをします。

それが当たっていたら、大喜びで「お母さん、お母さん！　ホラ、大きな木の下にあると思ったんだよ！」などと、得意満面な笑顔を見せてくれるでしょう。

「時計の長い針が5になるまでに、一番長い枝を探した人が勝ちね。よーいドン！」というようなルールを勝手に決めて友達と競ったりもします。

このように、関心があるものにハマることで、「没頭することの醍醐味」を覚えていきます。

没頭している時に感じる充実感や面白さ、何か目標をクリアした時の達成感、没頭した後に「あー、いっぱい遊んだ！」と感じる爽快感…。

こうした感情を一度味わうと、子どもは自然に「またやりたい！」と思うようになるのです。

3. 没頭体験で伸びる力が備わっている

何かに没頭しているうちに鍛えられる能力は、少なくありません。
たとえば、「木の枝探し」では、次のような能力が磨かれます。

・観察力
「枝はどんな形か」「枝はどこに落ちていることが多いか」など周囲をよく見ることで、観察する力が養われる
・集中力
自分の好みの枝を見逃さないように、注意深く探す。その過程で、集中力が得られる
・想像力
枝を何かに見立てて違うものを想像することで、イメージする力が養われる

・問題解決力・仮説力
枝がどこに落ちているか、仮説を立てる力。その仮説が正しいかどうか検証することで、仮説の精度が磨かれていく
・目標設定力
自分が達成感を得られやすい、ちょうど良い目標を設定する力が養われる
・知識
木の種類や枝の特徴、森に関する知識が得られる

どうでしょう。没頭体験によって磨かれるこうした能力は、どれも勉強だけでなく、人生の様々な場面で必要になります。

以上の3つのベースが、子どもの頃の何気ない没頭体験によって、築かれるわけです。

「自分から勉強する子」は、何が違うのか？

このような没頭体験を積むことは、勉強に好影響をもたらします。観察力、集中力、想像力、問題解決力・仮説力、目標設定力、知識…。没頭体験によって得られた力は、大いに勉強に役立ちます。

さらに **「没頭して達成する喜びや充実感」を勉強に求めるようになると、鬼に金棒** です。

それが本領発揮するのは、受験の勉強をする時です。

大人になって改めて驚くのが、入試問題の難しさ。とくにトップクラスの難関校では、大人ですら解けない問題が次々と出てきます。そうした難問を解くための勉強をする中で、

「こんなの絶対解けない！」

「わからないからもうイヤだ！」

とめげてしまう子は少なくありません。

ところが、難しいことに挑戦して、ようやく成し遂げた成功体験を持っている子どもは、「またあの達成感を味わえるかもしれない」と、そうした難問にあきらめることなく取り組みます。

そして、試行錯誤を繰り返しながら、見事に難問をクリア！

こんな経験をすると「より難しい問題に挑戦したい！」となります。「解けるか、解けないか」ギリギリの難問を解く知的興奮をもう一度味わいたくなるからです。難問に挑戦すること自体が楽しくなります。

私の経験上、難関校に合格するのは、難しい問題をまるでクイズのように楽しみながら解く子ばかりです。

つまり、**「勉強しなさい！」と尻を叩いて勉強させるよりも、没頭体験をたくさんしている方が、難関校に合格する確率が高まる**というわけです。

子どもは、強制しなくても楽しいことなら率先してやります。逆も然りです。

いくら「勉強しなさい」とうるさく言っても、効果がない理由をわかっていただけたのではないでしょうか。

没頭体験が、これからの「人生のコア」になる

本当に後悔しない人生とは？

没頭体験によって築き上げた3つのベースは、我が子の今後の幸福度を大きく左右します。

第1章でもお話ししましたが、「メシが食える大人」とは、自分で人生の正解を考え、自力で未来を切り拓く人のことです。

一流と言われる学校に入れば、一流と言われる花形産業の企業に入ることができ、終身雇用で一生安泰…。こうしたキャリアが「正解」と言えたのは昔の話。世の中が目まぐるしく変化する今は、将来の正解が何かはまったくわかりません。

最近ではユーチューバーが人気職業になりましたが、20年前はそんなことなど、予想できませんでした。そもそもYouTube自体が2005年創業ですから、20年前に

はユーチューバーなどという職業もありませんでした。

我が子が社会人になる10年〜20年後は、どんな産業・どんな会社・どんな職種が世の中を引っ張るのかは誰も予想がつきません。

ただ、一つ言えるのは、「花形産業や職種を目指せばOK」とは限らないということです。

そもそも、**「将来有望」や「稼げる」といった評価は、世間が決めた基準です。好き・嫌いといった「自分の価値基準」で決めたものではありません。**

仮に、「将来有望」「稼げる」社会的評価の高い職業につけたとして、この先も幸せかどうかは別問題です。「稼ぎは良いけれど、つまらない」ということもあるでしょう。

そうした時に、我が子が「なんで、この仕事を選んだのだろう?」と自問する大人になってしまうのは、悲しくはありませんか?

もちろん、「お金なんていいから好きなことさえすればいい」なんて言うつもりは毛頭ありません。ままならない状況だって、たくさんあります。

ただ、少しでも自分の価値基準に従って、自分の頭で考え、自分で選んだ道を進んだ方が、他人の後追いをするよりも幸せではないでしょうか。幸せとまではいかなくても、少なくとも後悔しない人生を送れるはずです。

自分の価値基準に従って生きる。**これは、言ってみれば「自分の人生という物語を生きる」ことなのです。**

子どもの人生の選択肢を増やす考え方

「自分の人生という物語を生きる」とは、どういうことか。もう少し深堀りしていきましょう。

ただ、考えるにあたり、みなさんにクイズを出したいと思います。

シリコンバレーで成功した経営者の共通点は、何だと思いますか？

超高学歴？　仲間に恵まれた？　運が良い？

答えは、経営者が「元不良」ということです。不良といっても「人には言えないような悪いことをしてきた」とか「ハチャメチャな生き方をしてきた」とか様々な意味合いがありますが、要は、留年・退学・放浪など一度「みんなが乗っているバス」から降りた経験があるということです。

進学→就職→結婚→出産→子育て→定年といったコースが当たり前と考える人ほど、自分とは違う生き方だと感じるかもしれません。

そう思うのも無理はないでしょう。

ですが、先にご説明したように、これから先の未来では、これまで安泰と言われてきた人生のコースやレールから外れることが多くなるかもしれません。そうした時に、「終わった」と思うのか「これからだ！」と思うかで、今後その人の人生は大きく変わるのではないでしょうか。

両者の違いは、他人に与えられた価値基準に従って「枠組みから人生を選ぶ生き方」をしているか、自ら決めた価値基準に従って「一から自分の世界を構築する生き方」をしているかだと私は考えています。

もちろん、枠組みから人生を選ぶ生き方を否定したいわけではありません。しかし、「一から自分の世界を構築する生き方」を検討することなく、何の疑問も持たずに「枠組みから人生を選ぶ生き方」を選択したのだとしたら、少しもったいない気もします。

我が子には「枠組みから人生を選ぶ生き方」も「一から自分の世界を構築する生き方」も、どちらも選べる選択の幅を持たせてあげたいところです。

シリコンバレーの経営者は、世間の目には一時的にアウトサイダーに映ったかもしれません。

でも、きっとそうではなくて、彼らは誰かが設定した課題に時間を取られるよりも、**自分で設定した課題に専念したかっただけではないか、と私は考えています。**

「自分の人生という物語を生きる」とは、こういうことなのではないでしょうか。

「自分の物語を生きる人」が持つ、ある基準

では、自分の物語を生きるためにはどうしたら良いのでしょうか。

その突破口となるのが、「好きなこと」です。

一番幸せなのは、寝食を忘れて情熱と労力を注ぎ込めるような好きなことを見つけて、それを仕事にできることです。仕事の楽しさと収入の双方を手に入れられますし、好きだからこそ突き抜けた結果を出せる可能性も高いでしょう。

もちろん、誰もが「好きなこと」を仕事にできるわけではありません。

ですが、私はそれでも構わないと思っています。「好きなこと」をしている時は、つらいことがあっても笑顔でいられるからです。

その**「好きなこと」を見つけやすい人が、没頭体験によって「自分の好き・嫌いの基準」を知っている人なのです。つまり、自分の軸ですね。**

実は、「自分の好き嫌い」「何をすれば幸せか」がよくわからないという人は、意外と少なくありません。

その理由は、他人の評価に合わせて生きてきた人が多いからです。

「良い学校」「一流の会社」「人から偉いと言われる職業」。こうした肩書を得ることが素晴らしい、とお母さん、お父さんを始めとした大人に刷り込まれてきた子どもは、自分が好きなことよりも、「他人に一目置かれること」を基準に行動しがちです。すると、自分が好きなことが何なのかが、よくわからなくなってしまい、「他人の物語を生きる」ようになってしまうのです。

ちなみに、子どもが**「お母さん、私は、何をやればいいの？」ばかり聞いてくるようになったら、赤信号です。**他人の評価で動いている証拠です。

しかし、自分が関心を持つことに没頭してきた経験がたくさんある人は、自分の好き嫌い、自分にとっての幸せをよくわかっています。

だから、「好きなこと」「打ち込めること」を見つけやすいのです。

好きなことがわかっていれば、あとは突き進むだけ。「没頭することの楽しさ・充実感・気持ち良さ」を知っていれば、1つのことを根気よく続けます。「没頭することによって得られた能力」は、仕事をしていくうえでも力になるでしょう。

このように、没頭体験によって得られた3つのベースが、我が子がたくましく人生を歩んでいく助けになるというわけです。

「没頭体験」で、活路を開いたさかなクン

実際に、幼少期の没頭体験によって、自立した大人になった例は、枚挙に暇《いとま》がありません。

東京海洋大学名誉博士・客員准教授のさかなクンは、その筆頭でしょう。小さな頃から魚が大好きで、それに没頭してきました。中学生の頃には、専門家でも珍しいカブトガニの人工孵化に成功したそうです。クイズ番組をきっかけに、「さかな博士」として有名になり、大学で教鞭を執る以外に、文部科学省日本ユネスコ国内委員会広報大使や日本魚類学会会員を務めたりと、多岐にわたって活躍をしています。

さかなクンが立派な大人に育った背景には、お母さんの支えがあります。

お母さんは息子の興味関心を妨げないよう育てたようです。小さい頃から毎週のように水族館に通い、何時間も水槽の前から動こうとしない息子をとがめることも、急かすこともなく「気が済むまで眺めなさい」と傍にいてあげたそうです。

むしろ、お母さんも息子が興味のある魚に興味を持っていったのだと言います。

また、魚つながりで花まる学習会にもこんな男の子がいました。

築地市場に通い詰めて場内の人に顔を覚えられるほどの魚好きな子で、釣りや魚を捌《さば》くのが趣味でした。勉強もできたので、中学受験では志望校よりももっと上を目指すかと思ったのですが、「学校帰りに釣りができる」という理由で進学先を選んだのをよく覚えています。

それから数年経ち、彼は医大に現役合格し、進学しました。しかし、海への思いが捨てきれなかったようで、色々と悩んだ末に、「島に住む医者になりたい」という目標を見出し、今も頑張っています。

いずれも、「没頭体験」が自分の軸をつくりあげた好例でしょう。

勝算のない道を選んだ「35歳の卓球選手の生き様」

没頭する経験をとことん積んできた人が、必ずしも大成するとは限りません。しかし、幸せな人生を歩めるようにはなるでしょう。

その一例として、岩城禎《いわきただし》さんというアマチュア男性卓球選手を紹介したいと思います。

岩城さんは、弁護士の親の元に生まれ、その優秀さ故に、弁護士になることを期待されていました。将来は父親と同じ京都大学に入学し、やがては弁護士事務所を継ぐべく、惜しみなく良質な教育を与えられたそうです。

その一方、岩城さんは卓球にのめり込み、あらゆる情熱を注いでいました。ただ、残念ながらそこまでの才能はありませんでした。

高校時代は、毎日早朝から夜中まで練習しましたが、努力が実らず県大会ベスト8止まり。浪人を経て有名私立大学進学後も、同じように練習を続けてきたそうです。それでも、地方大学の3部リーグで3位になるレベルでした。

オリンピックどころか、全日本大会出場も夢のまた夢。「もう、趣味で良いじゃないか」そう思うでしょうが、岩城さんの卓球物語はまだ終わりません。

普通なら、「大学卒業後は就職する」か「本気で弁護士を目指す」かでしょう。

ところが、司法試験の勉強をしていたものの、毎日、卓球の猛練習も続けていたそうです。27歳の頃には「今年就職するか司法試験に受からなければ別れる」と当時の彼女に言われたことで弁護士になることを諦め、練習時間を確保するために公務員になりました。

そして練習の末、ついに努力が実りました。並みの卓球エリートでは出場すら叶わない、超卓球エリートがひしめく全日本卓球選手権大会に、35歳にして出場を果たしたのです。

13歳の天才少年に完敗したそうですが、再び猛練習を重ねているそうです。練習時間が足りないからと公務員を辞め、現在は投資で生計を立てているそうです。

普通に考えれば、卓球をそこそこにし、弁護士になった方が賢い生き方でしょう。

しかし、たとえ才能も勝算もなくとも、岩城さんは卓球を選んだのです。

本来ならば越えられるはずのない壁を越える喜びを知れたのですから、本人はものすごく幸せでしょう。

もちろん、誰もが真似できる生き方ではありません。ですが、彼の生き様は「一から自分の世界を構築する生き方」として、参考になると思います。

花まる学習会が「野外体験」に力を入れる理由

子どもは遊びの天才ですから、どのような環境においても、何かしらの遊びに没頭します。

だから、大人としては「止めないこと」を心がければ十分ですが、「それだけでは不安」「何かしてあげたい」ということであれば、自然の中に連れて行くと良いでしょう。

没頭体験で最も良いのは、自分であれこれ考えて遊ぶことです。すでにルールや遊び方が決まっているものは想像する余地がないので、あまり考える力がつきません。

そういう意味では、自然の環境は、自分の想像力をフル回転させられる「遊び道具」の宝庫です。森にも川にも海にも、「遊び道具」が山ほどあります。子どもたちは、自然の中に放り出すと、何も教えなくても、勝手にその環境を満喫します。

そして、「遊んだーっ」と満足しながら帰る経験を何度も繰り返すことで、どんどん没頭体験の効果が蓄積していくというわけです。

花まる学習会では、野外体験に力を入れています。

無人島で子どもたちが自分たちだけで食料を調達し、基地をつくったり、島を探検したりします。用意してあるのは、白メシとしょうゆだけ。食料を調達できなければ、おかずはありません。

サバイバルする中で、子どもたちは大切な力を身につけていきます。

1つは、「生きる力」です。

「これ、食べられるのかな？　危険じゃないかな？」

「火を起こすにはどうすればいいのかな？」

といった具合に、文字通り「食える力」をつけることで、たくましさを養います。

2つ目は、仲間との協調性です。初対面の子どもとも寝食を共にし、協力して何かを達成する経験は、重要な「人間力」を養います。

そして、3つ目は、「本物の思考力」です。

たとえば、秘密基地をつくる際、補助線や立体を想い浮かべて材料を用意したり、論理的思考力を駆使して作業工程を考えなくてはなりません。この時、あらゆる知識や思考を総動員して、自分なりの答えを出していきます。

私はこうした「自分で答えをつくり出す力」が、将来を分けるカギになるのではないかと考えています。人生は、自分なりに答えを出すことの連続だからです。

問題集を解いて「早く正解に辿りつく力」ばかり鍛えても、本当の意味での思考力は養われません。これでは、「メシが食える大人」になるには不十分です。

自然の中で存分に遊び込むことで「自分で答えをつくり出す力」は、培われます。

ぜひ、お子さんをたくさん外に連れ出して自然に触れさせてあげてください。

お母さん、お父さんにガマンしてほしいこと

子どもの「考える機会」を奪っていませんか？

没頭体験をしている時に気をつけたいのは「余計な助け舟を出さない」ということです。

下手にあれこれ教えてしまうと、子どもの学ぶ機会を奪うことになるからです。

その典型的なエピソードが、前述した「森の教室」で起きたことです。

大雨の日に、子どもたちが、タープテント（※日除けなどに使うテント）を裏返しにして溜まった雨水を流し出してしまおうとしていました。一カ所に集めて、一気にザーッと流したいと考えていたのです。あれこれ試行錯誤していましたね。こっちを押し上げればこっちに逃げる、でうまくいきません。

ところがその時、たまたま通りがかった地元の方が、この様子を見て、「こうやれば簡単でしょう」と親切心で、水を流して、水が溜まらないつくりにして立ち去った

そうです。

一見美談のようですが、我々からすると「なんてことをしてくれたんだ」という出来事でした。

子どもたちから深い学びの喜びの機会を奪ってしまったからです。

4日経とうが5日経とうが、子どもたちだけで水が溜まらない仕組みを構築するところに教育の真髄があったのに、それを知らない大人がよかれと思って、手を出してしまったのです。

もっとも、お母さん、お父さんも、この方と同じように、「タープの水落し」をしがちではありませんか。

小さな子が積み木を高く積もうとしている時、なかなかうまくできずに、何度もガシャーン、ガシャーン、と崩しているとします。これを見て、「こうやってこうやったら高くできるでしょ」と教えてしまってはいませんか。

せっかく自分なりに試行錯誤しているのに、その機会を奪っているのです。

実は、勉強は「タープの水落し」だらけです。「こうやると点数が取れるよ」というメソッドをさっさと教えてしまうわけですね。しかし、これでは本当の実力は伸びません。

そうではなく、その子にとって適切な難しい問題を、手助けなしにわかるまで考えてもらう。やっとのことで「できた！」を体験してもらうのが、一番伸びる方法なのです。重要なのは、タープの水落しを自分で最後までやりきることです。

「子どもの目標」にかかわらないことも重要

没頭している子どもに対して、親が口出ししてはいけないことはもう一つあります。それは「目標」です。

子どもは没頭していると、自分で勝手に目標を決めるものです。

縄跳びをしていたら「二重跳びを2回できるようにする」

川遊びをしていたら「あそこの石まで飛んでみる」

といった具合ですね。

要は、ちょっとした遊びみたいなことなのですが、それを達成することで自己肯定感を高められます。

また、**試行錯誤をする中で、高すぎず低すぎない、ちょうど良いレベルの目標を設定することを覚えてきます。**すると、目標設定と達成が面白くなり、どんどん成長していくわけです。

このように、目標設定は非常に大切なのですが、大人の悪いクセで、子どもの目標に口を挟みたくなります。もうちょっと成長させたいと思って、ちょっと高めの目標にさせようとするのです。

「算数の問題を5問解く」と言っているところを「10問にしよう」と言い出す。

「二重跳びを2回」という目標を達成したら、「次は5回を目指そう」などと言うわけです。

欲張りたくなる気持ちはわかります。しかし、関わってはいけません。

それでは適切な目標の立て方を学べないからです。第一、大人が与えた目標などやる気がしません。

親は子どもの目標を黙って見ていましょう。やるべきなのは、目標達成を一緒に喜んであげることだけです。

大きな夢よりも「小さな目標」を

こうして目標を立てることが習慣になると、勉強でも同じように目標を立てるようになります。その後、高校受験や大学受験、はたまた社会に出た時に、自分で目標を設定するようになり、どんどん成長していくでしょう。

先日、陸上400mハードルでオリンピックに出場した為末大さんがクラブハウスで「目標」について話していたのが、非常に印象的でした。

彼は、オリンピック選手が小さな頃にどんな目標を持っていたか、を研究したそうです。

それでわかったのは、**「大成した選手には、小さな目標を自分で立ててはやりきる、を繰り返していた人が多い」ということ。**

なかには、「私はオリンピック選手になる！」と大きな目標を立てている人もいるでしょう。

しかし多くの選手は、「日本一になる」というような大きな目標ではなく、まず「十五秒二を十五秒一にする」という小さな目標を立てていました。

この小目標の設定と達成経験の繰り返しによって、次第に実力がついていき、いつの間にか、「君だったらオリンピックでもいけるんじゃないか」と言われるようになった、というわけです。子どもの小さな目標は、それだけの大きな効果があります。

得てして、大人は子どもに大きい夢や目標を持てと言いがちですが、それよりも小さな目標設定と達成経験を大切にしたいものです。

止めはしないけど、「時間が来たら終わり」

子どもが没頭しているのを止めてはいけない、という話をしました。

しかし、そうさせてあげたいけれど、食事やお風呂などの時間もあります。「そんな時でも止めてはいけないのでしょうか」と悩むかもしれません。

終わる時間は親が決めて大丈夫です。「○時まではやっていいけど、それで終わり」と決めましょう。

花まる学習会に、『こころと頭を同時に伸ばすＡＩ時代の子育て』（実務教育出版）という本の著者で、幼児期のアート教育のスペシャリストであるRinという講師がいます。

彼女は子どもたちに、自由に絵を描かせるのですが、３つだけ守って欲しいことを伝えています。その３つ目が「時間がきたら、おしまい」です。

その理由は、**「世の中に出たら、すべて自由などということはない。人生の時間は有限だし何らかの制約の中にしか自由はない。**その真理を、小さな頃から教えこまないといけない」からです。

「遊びは６時までで終わりね」と最初に言い、時間が来たら、止めてしまうのはかわいそうだと思っても、将来を考えて、終わりにしましょう。

それも親の愛情です。

コラム① 「コスパ」で教育をはかる愚かさ

中学・高校・大学の学費に加えて、受験対策塾や予備校の月謝、習い事の月謝や道具代…。子どもにあれこれ手をかけようとすると、際限なく教育費がかさみます。

すると、「将来役立ちそうな投資効率の良い習い事に集中させたい」と考え始めるお母さん、お父さんがいます。

実際、「子どもの頃に習っていたプログラミングが大人になってから役に立っている」といった人もいるので、一概に否定はできませんが、コストパフォーマンスや投資効率ばかりを考えて教育するのはやめてください。

確かに、子どもの頃に「やっておいて損はない習い事」はたくさんあります。しかし、一番大事なのは子どもがのめり込みそうなものをやらせてあげることです。お母さん、お父さんはぜひ「我が子の目の輝き」に注目してください。本当に、その習い事に興味を持っているのかどうかがわかるはずです。

一見、何の役に立つかよくわからないことでも、没頭してやっていると、必ず何かの役に立つものです。

アップルのスティーブ・ジョブズは、大学生の時にカリグラフィーという何の役に立つかわからないデザイン文字に興味を持ち、没頭していました。すると、それが後々Ｍａｃ（マッキントッシュ）の美しいフォントづくりにつながり、人気を博す要因になりました。

これほどまでにきれいに仕事につながることはまれですが、何かに没頭して取り組むことで、子どもの思考力や発想力などが鍛えられます。

逆に言うと、これからの時代に「いかにも役に立ちそうなこと」でも、子どもが興味を持たなければ、そこから得られるものはほとんどありません。

お母さん、お父さんがコスパにこだわっていると、子どもにもそれが伝わるので、注意してください。

第5章

子どもを勉強好きにする親、勉強嫌いにする親

なぜ、勉強嫌いに育ってしまうのか？

その「ガミガミ」が子どもを勉強嫌いにする

我が子を自立した大人に育てるためには、やはり「勉強」が欠かせません。

日本の教育制度は様々な問題点が指摘されていますが、それでも学校の勉強をきちんとしていれば、世の中を渡っていくうえで必要な知識の基盤ができます。将来の進路の選択肢が広がるのも確かです。

第1章で中学受験の話をしましたが、受験する・しないにかかわらず、小学生の頃からしっかり勉強しておくことが大切です。

もちろん、それはお母さん、お父さんも十分に承知しているかと思います。

しかし、「我が子に勉強してもらいたいけれども、なかなか勉強してくれない…」と悩んでいる方も多いのではないでしょうか。

私が保護者からよく相談を受けるのは、「勉強しようとしない子どもに対して、ついガミガミと言ってしまう」ということです。

子どもが幼稚園や保育園の頃は、勉強しているかどうかはとやかく言わず、簡単なドリルで文字を書いたら、手放しにほめていたりしたのではないでしょうか。

しかし、小学校に入る頃になると、お母さん、お父さんは「そろそろ勉強してほしい」と思うようになるものです。「自発的に勉強する子になってほしい」と根気よく待つものの、いつまでも遊んでいるのを見ると、ガマンできなくなります。そして、小言を言ってしまうのです。

勉強していなければ、「勉強しなさい！」「ちゃんとやったの!?」。

勉強し始めたとしても、正解か不正解かという観点から、あれこれ言い始めます。

ひらがなや漢字を書けば「とめはねをちゃんとしなさい！」

計算を間違えたら「なんでこれがわからないの！」

国語の読解問題がわからないと「ちゃんと読んでいるの!?」

などと、あれこれ指摘し始めるわけですね。

ただ、おわかりの通り、ガミガミ言ったところで、子どもは勉強をしません。それどころか、言えば言うほど心の底で勉強が嫌いになってしまいます。

小さな頃は字を書くだけでも「よく書けたね」、計算をして間違えたとしても「おしいね。でもよく考えたね」などと言われていたのに、小学生になった頃から、少し間違えただけで、怒られる。

子どもはその変化に戸惑いますし、なにより、ガミガミ言われながら勉強をして楽しいはずがありません。それがイヤで、勉強をしなくなってしまうのです。

すると、勉強をしないので、ますます「勉強しなさい！」とガミガミ言われるようになります。そういう悪循環になるのです。

ちなみに、あれこれ言われることで嫌いになるのは、勉強に限らず、習い事についても同様です。

ピアノにしても、本来楽しく弾いていたのに、

「練習をちゃんとしなさい！」

「なんでそこを間違えるの！」

と言われるうちに、嫌いになっていきます。

サッカーでも「ちゃんとボールをトラップしなさい！」、ダンスでも「またその振りつけ間違えた！」などと言われていたら、イヤになるものです。

「勉強＝イヤなもの」という考えを捨てよう

子どもに勉強してもらいたいのなら、上からガミガミ言うのではなく、違うアプローチが必要です。

まず4～9歳の子どもなら、「勉強するのは楽しい」という感覚を養ってもらうことが先決と言えるでしょう。

では、どうすれば子どもに「勉強＝楽しい」と思ってもらえるようになるのでしょうか。

最初に変わるべきなのは、子どもではありません。

お母さん、お父さんが意識改革をすることが不可欠です。

具体的には、お母さん、お父さん自身が、「勉強＝イヤなもの、つらいもの」という考えを捨てることが必要です。

そもそも、子どもは「勉強することが楽しい」と思っているものです。

子どもは好奇心のかたまりですから、世の中のことを何でも知りたいと思っています。３～４歳になると、あれこれ教えなくても、

「なんでアリは穴をつくっているの？」

「なんで空は青いの？」

「なんで月の形は変わるの？」

といろいろ聞いてきます。勉強したくて仕方ないのです。

それにもかかわらず、子どもが勉強嫌いになるのは、たいがい親の影響なのですが、それはガミガミ言われることだけが原因ではありません。

実は、**親が無意識に、「勉強＝イヤなもの」という前提で話すことで、勉強に対してのネガティブな印象を植えつけていることが非常に多い**のです。

子どもに勉強してほしい時、このようなことを言っていませんか？

「勉強をさっさとやってしまいなさい」

「早く終わらせれば、たくさん遊べるでしょ」

「みんなやっているんだから、あなたも勉強しないとダメでしょ」


一見、何の問題もないセリフに思えますが、ちょっと考えてみてください。

楽しいことに対して、このような言葉を使うでしょうか？

「早く遊びを終わらせれば、たくさん勉強ができるでしょ」

「みんなやっているんだから、あなたも遊ばないとダメでしょ」

などとは言わないはずです。


このように、無意識に発する言葉の端々に「勉強＝つらくてイヤなもの」という意味が込められていることは少なくありません。それを聞き続けていると、子どもにもいつの間にか「勉強＝つらくてイヤなもの」というように刷り込まれてしまうのです。

このように、「勉強＝つらくてイヤなもの」というイメージは、お母さん、お父さん自身も、その親から刷り込まれている可能性が高いのです。

だから、子どもの時にガミガミと言われて、勉強を強要されてきた親ほど、このような言い方をしてしまいがちです。実は、これはかなり根深い問題でもあるのです。

勉強にネガティブなイメージがあるのは、「勉強」という言葉そのものが良くないからではないかと、私は考えています。勉(つとめ)強いる(しいる)という強制のイメージが強いですし、そもそも「勉」という字の成り立ちは、「苦しんで出産をする」から来ているそうです。

私たちも、今では「花まる学習会」と名乗っていますが、以前は「花まる勉強会」という名前でした。しかし、そのエピソードを聞いて、「花まる学習会」という名前に変えたという経緯があります。

「なぜ勉強しなければいけないの」と聞かれたら?

いずれにしても、子どもを勉強好きにするには、負のループをここで断ち切る必要があります。

まずは親が「勉強＝イヤなもの」という考えを捨てましょう。日々の言動を振り返り、「勉強＝イヤなもの」と感じさせる発言を、「勉強＝楽しいもの」と思えるように変えるのです。

お母さん、お父さんならば必ず一度は子どもに聞かれたことがある「なんで勉強しないといけないの」という質問。これに、皆さんならどう答えますか？


「勉強しないと、将来困るから」

「高校や大学に行けなくなるから」

「大学に行けないと、就職しにくくなるから」

いろいろな回答が考えられると思いますが、どれも「義務」のにおいがして、楽しい雰囲気はありません。

私がおすすめするのは、

「勉強とは楽しいものだから。楽しいことをしないのはもったいないでしょ」

とストレートに伝えることです。

勉強とは、世の中を知ることであり、人間の根本的な喜びです。

国語では言葉の成り立ちや人間の心の動きを知ることができ、理科では自然界の仕組みや、世の中を支える技術のベースを知ることができます。社会を学ぶと、日本や世界の歴史、世の中の仕組みがわかってきます。知れば知るほど、世の中が見えてきて、どんどん楽しくなります。

また、算数では、難しい問題を考え抜く楽しさや、最後まで自分でやりきった時の達成感を味わえます。

主体的に勉強する子どもの多くは、こうした勉強の楽しさを知っています。

だから、算数オリンピックでメダルを取るような子は問題を解くのが大好きなのです。弊社の社員にもそのような人がいます。入試問題を見つけると、仕事というより、趣味のように楽しそうに解いていています。

また、歴史が好きな子どもは歴史を知る面白さを知っているからこそ、自発的に学びます。どんどん歴史を知ることで、新しい疑問が生まれてきて、その疑問を解消しようとさらに勉強する。こうして歴史の勉強がより楽しくなるのです。

このような勉強の楽しさを改めて親が理解しておけば、日々の言動も変わってくるでしょう。

勉強を好きにさせるには？

「勉強を楽しむ姿」を親が背中で見せよう

さらに、「勉強＝楽しいもの」ということを子どもに理解してもらううえで、最も効果的なのは、親が「勉強を楽しんでいる」姿を見せることです。

たとえば、子どもに本を読んでほしいなら、親が楽しそうに本を読む姿を見せましょう。難しい本でなくてもかまいません。

すると、子どもは「お母さん、お父さんは楽しそうに本を読んでいる。本を読むのって、そんなに面白いのかな」と感じ、試しに読むようになります。こうして読書の楽しさを知ると、国語も本を読むようなものだととらえて、勉強のハードルが下がります。本好きの子どもの親は、大抵の場合両親どちらかが本の虫です。

また、囲碁やパズルなど、じっくり考えるものに没頭している姿を見せるのも、良いでしょう。子どもも親と同じように、囲碁やパズルをするようになります。「考えに考えて答えを出すのはすごく面白いんだな」ということがわかると、勉強でも、考えることが必要な問題を嫌がらずに、むしろ楽しそうに取り組むようになるでしょう。そうした親の姿を通じて、子どもは勉強の面白さを学ぶのです。

勉強でなくても、「頑張っている・懸命に生きているところ」を見せるのでもかまいません。仕事を頑張っている親の姿を見れば、子どもは「頑張ることは、カッコイイことなんだ」と学びます。

逆に、**最悪なのは、子どもに「勉強しなさい」と言いながら、親がテレビを見たり、スマホでゲームをしたりしていることです。**

そんな姿を見れば、子どもは、「僕には勉強しろと言いながら、お母さんはテレビを見ているじゃないか。お母さんも勉強しなよ」と言い出します。そんな時、「子どもは勉強するものなの！　大人はいいの！」などと返しがちですが、子どもはまず納得しないので、注意してください。子どもは言葉より行動を見ています。

本好きの子どもに育てるには？

「本好きの子どもは勉強ができるようになる」とよく言われます。我が子を本好きに育てたいと思っている方も多いのではないでしょうか。

その一つの方法として、先ほど「親が楽しそうに本を読む姿を見せる」とお話ししましたが、**幼少期なら、読み聞かせが効果的です。**

寝る前の習慣として、毎日のように読み聞かせをしていると、「本って良いものだなあ」と思いながら没頭できるので、本が好きになります。

ただし、読み聞かせは必ずしも全員に合うわけではありません。子どもによっては、物語に興味がなく、図鑑のほうが好きな子もいます。

そうした子どもでも、思春期に読む本の幅が広がることはあります。恋をしたり、両親と衝突したりと、現実で壁に直面して悩んだ時、様々な本を手に取るのです。

そうすると、「男女関係って、結構複雑？」とか「家族って何？」といった哲学が始まります。

余談ですが、コロナ禍で哲学する子が増えたように思います。「そもそも、学校って必要なの？」「不登校はネガティブなことじゃない」などと、考える時間が増えたようです。

本は、著者との対話を通じて自分の価値観を築く「良い友達」です。ぜひ、読書を習慣にしてもらえればと思います。

一生モノの勉強習慣を身につけよう

「基礎力」は反復で身につけることが必要

「メシが食える大人」になるためには、基礎的な学力を身につけることが欠かせません。そのために、親の背中を見せることで、子どもが主体的に勉強する状態に持っていければベストですが、現実はそれだけではなかなか難しいでしょう。

「実力タワー」という見方

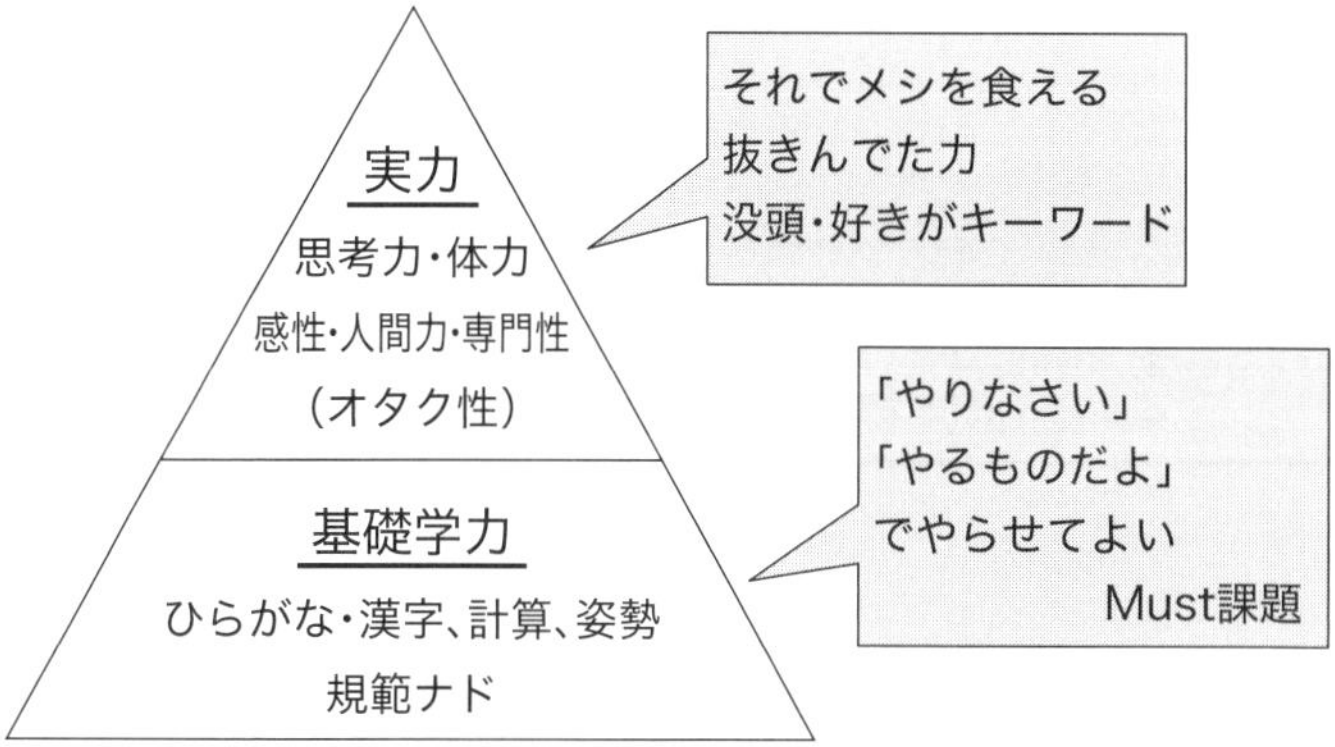

とくに4〜9歳の「オタマジャクシ期」の子どもは、ある程度、親が働きかけることが必要です。

上は、私がよく例に出す、人間の能力について表した図（実力タワー）です。上は「実力」で、思考力や体力、専門性、人間力など、「メシが食える大人」になるために必要な要素が含まれています。

しかしこれらは、下の「基礎学力」の部分をきちんと築いていないと、定着しません。

この基礎力の一つが「基礎学力」であり、計算問題や漢字の書き取りなどです。これらは面白くないかもしれませんが、必ずやらなければなりません。

反復することで身につくので、毎日の習慣としてやり続けることが必要です。

花まる学習会でも、反復するために、毎日1ページの宿題を出しています。

「朝の花まるタイム」に基礎力を磨く

ただ、このような計算問題や漢字の書き取りを、子どもは嫌がることが少なくありません。

どうすればガミガミ言わずに、勉強してもらえるでしょうか。

その方法の1つが、「勉強する時間を決めること」です。

花まる学習会では、朝起きた直後を「朝の花まるタイム」として、宿題をする時間にあてることをおすすめしています。朝は、夕方や夜と違って、様々な予定に左右されづらいからです。

「朝の花まるタイムに勉強をする」と決めてしまえば、毎日勉強する習慣が身についてきます。

勉強の時間を短く区切るのも有効です。子どもは集中力が続かないので、ちょっと長い時間になると飽きてしまいます。3分程度で一区切りをつけましょう。

実際、私どもの授業では、3分おきに教科を変えています。そうして、目先を変えていけば、1時間集中力が持ちます。

また、「15分間でどれだけ問題が解けるか」というように、ゲーム化してしまうのも良いでしょう。

計算問題の速解きにひそむ落とし穴

ただし、計算問題を速く解くことばかりしていると、落とし穴が待っているので、注意してください。

その落とし穴とは、メカニカルに速く解答を出す意識が強くなりすぎ、結果、思考力を問われる問題が苦手になることです。

もし、我が子が、長めの文章を読んで解答する「文章題」を嫌うような発言をしたら、黄色信号です。

基本的に、文章題は、じっくり考える習慣が必要です。国語なら、文章の中に書かれていない作者の意図などを文脈から想像する必要があります。そういう面倒くさい問題を嫌がり始めるということは、「考えたくない」と思っているのと同じです。

これは、小学4年生以降になると、親に言われても直りません。「速く解いて満点の答えを出すと褒められる」を繰り返してきたことで、その価値観が刷り込まれてしまっているからです。

さらに、受験対策塾で、「前の三行のどこかには必ず答えがある」というような受験テクニックを教わってしまうと、ますます直らなくなります。

手遅れにならないように、小さな頃から、じっくり考えさせることが大切です。前述しましたが、将棋や囲碁のような、考えるゲームやパズルなども、効果がありります。

第6章

子どもをつぶさない「中学受験」

中学受験が悪いわけではない

中学受験のメリット

小学2～3年生になると、「中学受験」を意識し始めるお母さん、お父さんもいらっしゃることでしょう。

第1章で

「周囲の親の意見に流されて、なんとなくで中学受験をしてはいけない」

「親がブランド欲しさに中学受験をさせてはいけない」

というお話をしました。

ですが、私は中学受験を完全に否定しているわけではありません。

中学校入学に向けての勉強、難関校に通うことには、様々なメリットがあります。

一つは難関大学に入りやすくなることです。

私立の中高一貫校では、高校2年時までに国の学習指導要領で示された学習内容をすべて終わらせ、高校3年時では通常授業で大学受験対策を行います。受験対策がほぼ予備校や塾だけに限られる公立高校の学生と比べれば、かなり有利です。

もちろん、大学の付属校ならエスカレーターで大学に入ることも狙えます。

また、他校との競争に勝ち抜かなければならないので、面倒見が良いのも特徴です。とくにイジメが起きた時の対処は公立中学・高校より手厚い傾向があります。

加えて、公立中学校と比べると、不良の生徒がいる確率が低いので、友達の影響で悪い方向に染まるという心配も減ります。

「落ちても成功」の受験

ただ、私はそういった目先のことよりも、**最大のメリットは、我が子の人間的成長だと思います。**

ご存じの通り、中学受験は過酷です。逃げ場のない状況の中で、まだ小さな子どもたちが戦っている。後の人生にも活きる素晴らしい経験だと思います。

自分を律すること、一生モノの勉強法、緊張しても実力を発揮する精神力…それをわずか12歳足らずの子どもたちが、受験を通じて身につけるのです。

ここで培われた能力は、間違いなく財産となるでしょう。「大人になってからも、中学受験で身につけた時の知識に支えられています」という人もいるほどです。

一番成長するのは、何といっても結果を受け入れる時です。

これは、大人でさえできない人が多い。受かれば問題ありませんが、落ちれば自分の存在を否定されたように感じます。それでも、結果は結果です。結果を受け入れたうえで、今後どうするのか。競争によって、間違いなく人は人間的に鍛えられます。

その意味で、不合格という負の局面は、成長のチャンスなのです。

では、我が子が中学受験に落ちた時、お母さん、お父さんはどうすべきでしょう。

まずは、お母さん、お父さんが頭を切り替えることです。中学受験の合格がゴールではありません。あくまでも、幸せな大人になるための通過点なのです。このように、お父さん、お母さんの意識を変えることが大切でしょう。

そして、「今回は結果が出なかったけど、すごく頑張ったし、確実に力はついてるよ！　チャンスはまだあるから、また頑張ろうね」と、次を見据えるよう我が子に声をかけてあげましょう。**その時、「物語を添えてあげる」ことも忘れないでください。**

「○○ちゃんのお兄ちゃんも中学受験で第一志望は落ちちゃったけれど、大学受験は頑張って目指したところに通えてるよ」。このように、具体的なモデルを提示してあげることで、子どもは結果を受け入れやすくなります。

身近な例がなければ、有名人の挫折体験でも構いません。挫折を乗り越えたエピソードで、我が子が立ち直るきっかけを与えられれば十分です。

不合格は、今後のバネにできる。そのことを、お母さん、お父さんが理解していれば、不合格＝受験失敗とはならないのです。

受験しても競争に飲まれるな！

ところが、我が子の不合格を親が引きずって、子どもの自己肯定感を打ち砕く親がいます。「もう落ちたら終わり」「トップには永遠に行けない」と塾に洗脳されてしまっているのですね。

勝手に我が子を「かわいそうな子」にする親が、コンプレックスを植えつけていく。そうなると、本当に受験は失敗に終わってしまいます。

一方、「合格でも失敗」というケースもあります。ギリギリで難関私立中学に合格したが、自分よりも優秀な同級生たちを目の当たりにしてやる気を失い、勉強しなくなってしまった。中学・高校での「あと伸び」も振るわず、思うような道に進めないので、人生の長い目で見れば、「あの中学受験は失敗だった」となってしまうのです。某トップ私立高校から、東大に進学できず、有名私立大学に行ったある人は、「俺、どうせ東大に行けなかった」を口ぐせにしていました。狭い視野で自分を小さく捉えてしまっています。ちなみに、その私立大学は私の出身地の熊本の田舎町から進学すれば、パレードするほど称賛される大学です。

さて、失敗や敗北をどう捉えるのか。そこには、奥深い哲学があるのではないでしょうか。

私は、「失敗にこだわっている自分がいるだけ」だと考えています。失敗しても、自分と関係なく世界は回っています。

「Today is the first day of the rest of your life.」という言葉があります。アメリカの薬物中毒者救済機関「Synanon（シナノン）」を設立したチャールズ・ディードリッヒの言葉です。

今日という日は、残りの人生の最初の日である。つまり、過去を振り返らないで、これからのことを前向きに考えよう、という意味です。つらいことがあって悩むことがあっても、「今日が最初の日」だから「また、新しく人生をスタートできる」と思えば、また仕切り直しができます。

1回失敗したけれど、ここからどう楽しもうか考える力を、私は「ゲーム設定力」と呼んでいます。

勝っても負けても、またリセットして新しいゲームを楽しもう。

これは、第9章の内容ともリンクするので、またあとでお話ししたいと思います。

私立中学受験のデメリット

では、中学受験のデメリット、正確に言えば、「私立中学に合格した後」のデメリットについてはどうでしょう。私は次の3点を挙げます。

1．多様な子どもと接する機会が減り、価値観が画一化しやすい
2．面倒見が良すぎて、失敗経験が少ない
3．歪んだエリート意識で、人を見下すようになる

1つずつ、見ていきましょう。

1．多様な子どもと接する機会が減り、価値観が画一化しやすい

公立中学校には、様々な環境で育った子どもたちが通っています。地元の公立校の評判が悪いために私立中学を選んだお母さん、お父さんも多いかもしれません。

確かに、我が子がイジメの標的にされたり、悪い影響を受けるのを未然に防ぎたくなる気持ちはわかります。しかし、多様な価値観に触れるという点では、ふさわしくないかもしれません。

やはり私立ですから、ある程度経済的な余裕があり、似たような環境で育ってきた

子どもが多い。そういった意味では、いろいろな価値観の人間にもまれる公立校の方が骨太な子が育つことが多いなとも感じます。

2. 面倒見が良すぎて、失敗経験が少ない

中学や高校時代は、成功も失敗もひっくるめて、多くのことを経験した方が良い時期です。しかし、面倒見の良さ故に、舗装された道を歩き慣れてしまうと、行動する力が弱くなってしまいます。子ども自身で知恵を絞って乗り越える経験が不足してしまうのです。

これは、「教えてもらってないから、できません」と言う自分の頭で考えて行動できない大人を量産した元凶ではないかと感じています。

社会に出れば、予想外なことの連続。そうしたトラブルに弱い大人を育てないようにしたいところです。

3. 歪んだエリート意識で、人を見下すようになる

ギリギリで難関私立中学に合格したケース然り、こちらも「合格した故の不幸」で

はないでしょうか。
誤解を恐れずに申し上げれば、難関私立中学に合格すれば、一時的に周囲からチヤホヤされる「選民状態」になります。これでは、自分が特別な存在だと勘違いしてもおかしくありません。

これで大学受験に失敗すれば、前述のような「俺、東大行けなかったんで」といったセリフを吐くコンプレックスまみれの大人になってしまいます。挫折知らずでいけば、根拠のない自信で人を見下す、鼻もちならない大人になる確率が高いでしょう。

3つのデメリットを挙げましたが、たいていの子は、健全に育っています。
ただ、私立中学進学にこうした落とし穴の一面もあることは知っておいても損はないでしょう。

中学受験は向き不向きがある

中学受験に向く子どもの特徴

繰り返しになりますが、中学受験は想像するよりもはるかに過酷です。難関校はもちろん、中堅校でも難易度の高い問題が出るので、生半可な気持ちで臨んではまず合格できません。思考力だけでなく根気のようなメンタルタフネスも必要なので、早熟なタイプでないと乗りきれません。ですから、そもそも向かない子に対して、叱ったり、モノで釣ったりするだけでは、難しいのです。

では、「早熟な子」とは、一体どんなタイプなのでしょうか。

それは、行動の裏側にある本音を読み取れる子どもです。

たとえば、国語の問題では、「悲しみを隠すために、わざと明るく振る舞う」「好きな異性にそっけない態度をとってしまう」といった感情の機微を読み取る。

算数なら採点者に「ここまで理解していますよ」と伝えるべく、答えだけでなく途中式もしっかりと書いておく配慮があるというような「大人度」が試されます。

スパっと見きった「途中下車」も視野に

中学受験に向いているかどうかは、小学4年生の段階では、まだわかりません。小学5、6年生で急にしっかりしてくる子もいるからです。

小学6年生の夏の時点で幼さが抜けていないようでしたら、高校受験に照準を変更した方が良いでしょう。中学に入ってから学力が伸び、難関高校に入れる子はザラにいます。向いていない子に、無理に中学受験させる必要はありません。

一見、子どもに「自分がダメだからやめるんだ」と挫折感を与えてしまうのではないかと思うかもしれませんが、そうではありません。お母さん、お父さんが納得したうえで、「高校受験で頑張ろう」と前向きに言えれば、子どもは案外ケロっとしているものです。

むしろ、「ここまでやってきたのに…」という親の未練が子どもに挫折感を与えます。この経験はムダにはなりませんので、スパっと気持ちを切り替えましょう。

中学受験に向かない親とは？

なるべく、子どもの成長する力を信じてほしいとは言ったものの、本気で中学受験で勝ちにいこうと思ったら、話は別です。

「中学受験は親子の受験」と言われるように、ある程度は親の介入が必要です。早熟な子だったとしても、まだ小学生。親が横でつき添って、二人三脚で、勉強を見てあげる必要がある機会も多いのです。

そういう意味では、親にも向き不向きがあると言えるでしょう。

意外と思われるかもしれませんが、真面目で完璧主義の親はあまり向いていません。「この受験で将来が決まる！」と入れ込みすぎてしまうからです。先に説明したように、受験に落ちた時に我が子を「かわいそうな子」にする恐れがあります。

あとは、子どもの中学受験を通じて、自分の評価を得ようとするタイプです。これも、先述したとおり、ブランド思考が災いするケースですね。

「自分は中学受験生の親に向いているだろうか」。一度、自分自身に問うてみることも大切です。

中学受験に正解はあるのか？

中学受験自体に、正解も不正解もありません。受験を正解にするのも、不正解にするのも、すべて本人とご家族次第でしょう。

そもそも、なぜ中学受験をさせるのでしょう。なぜ、公立中学校ではダメなのでしょうか。お母さん、お父さんは自問自答を繰り返し、その答えを1つずつ言葉にして、軸をつくってください。

結果、受けるも良し、受けないも良し、それは家族次第です。

「メシが食える大人」「モテる人」にするために、子どもにあえて試練を与えたいと考えて、中学受験を選ぶご家庭もあるでしょう。そうしたビジョンがあれば、意味のある受験になります。

中学受験をした先に、我が子の幸せな姿を想像できるか。できていれば、結果がどうであっても、本当の意味で、「受験の勝者」になれるのではないでしょうか。

第7章

10歳を過ぎたら子離れをする

思春期になると親の言うことは聞かない

我が子との距離感を変えよう

何か注意すると、「うるさい！」と口ごたえをしたり、面倒くさそうに返事をしたり、無視したりする…。

10歳以降、早いと8〜9歳頃から、子どもは急に、親に楯突くようになります。

今まで素直で無邪気だった分、そんな我が子の変化に、お母さん、お父さんは多かれ少なかれ、戸惑うことでしょう。

成長するにつれ、反抗的な態度はエスカレートして、「僕のことをあれこれ言わないで！」と拒否反応を示したり、「習い事を、やめさせる？　そんなことできないくせに！」と生意気な態度をとったりもします。

そんな反応を見て、

「このまま何も言うことを聞かなくなるのでは？」

「勉強しなくなって、悪い子になってしまうのでは」

と思うかもしれません。

しかし、心配はいりません。

親に楯突く反応が出るのは思春期特有の行動であり、正常に育っている証拠です。なぜこういう反応をするかというと、親から精神的に自立しようとしているからです。親のことが大好きだし、尊敬しているものの、距離を取りたくなるのです。

むしろ、小学校高学年や中学生になっても、親の言うことを常に聞いて、従順であり続ける方が心配です。

他にも、思春期になると、子どもに様々な変化があらわれます。

その1つが、周囲の評価を気にし始めることです。

大人にほめられたり、評価されたりすることに味を占めると、またほめられるために、良い子を演じるようになります。思ってもいないような、模範的なことを言うようになるのです。

他人と自分を比べて、コンプレックスを持ち始めるのも、この頃の特徴です。

小学校低学年以下のオタマジャクシ期の子どもでも、他人と比べて、

「自分だけ食べるのが遅くて恥ずかしい」

「テストの点数が友達よりも低かった…」

と思うことはあるのですが、一晩寝れば、ケロっと忘れてしまいます。

しかし、小学5年生ぐらいから自意識が強くなり、勉強や運動、容姿などに深いコンプレックスを抱えるようになります。

そして、「どうせ私は運動が苦手だから」などと言って、強固な心の壁をつくるようになるのです。


このように、思春期は、見た目にあどけなさが残っていても、中身はまったく変わってくるのです。そこで、お母さん、お父さんも、意識的に距離感や接し方を変えることが必要です。

10歳を過ぎたら子離れ宣言

10歳以降の思春期の子どもと接するうえで、お母さん、お父さんに意識してほしい

のは、「子離れをすること」です。

心の中で意識をするだけでなく、子どもに対してはっきりと「子離れ宣言」をすると良いでしょう。

具体的には**「今日からあなたを大人として扱います。もう余計な口出しはしませんから、自分のことは自分でしっかりやりなさい」と宣言する**のです。

子にもよりますが、タイミングとしては、小学5年生の4月あたりが節目として良いでしょう。

こう宣言することで、子どもは「これからは、自分のことは自分でやらないと」と意識するようになります。

また、お母さん、お父さん自身が変わるための決意表明にもなるでしょう。

宣言は、同性の親からするのがベストです。この頃になると、子どもは本能的に異性の親と距離を取ろうとするからです。

もし夫が子育てに非協力的だったとしたら、このタイミングで少しずつ参加してもらうべきです。

親の代わりに「我が子の教育係」になるのは？

「外の師匠」を見つけよう

思春期以降の教育は同性の親の役目。

とはいえ、同性の親でも、今までのようにあれこれ世話を焼いたり、説教をしたりしていたら、子どもに「ウザい」と言われてしまいます。

だからといって注意しないと、子どもはどんどんダラけていってしまいます。

そこで私がおすすめしているのが、「外の師匠」に頼ることです。

外の師匠とは、学校や塾の先生、スポーツクラブのコーチ、ピアノの先生、部活動の監督など、子どもの心身を鍛えてくれる年上の第三者のことです。

思春期になると、このような外の師匠を自然と求めるようになります。親の言うことは聞かなくても、外の師匠の言うことは、素直に聞くものです。

親には「うるせえんだよ」と悪態をついたり、無視したりする我が子が、スポーツクラブに行くと、監督やコーチに対して、きちんと敬語を使い、「はい、わかりました！」と大きな声で返事をしているなんてことはよくあります。

理想的なのは、この「外の師匠」が人生経験豊かで、筋が一本通った人であることです。スポーツや芸術に関して指導しながらも、この先、人生を歩んでいくうえで大切なことを教えてくれるでしょう。

なぜ礼儀が大切なのか。なぜチームメイトを助けることが必要なのか。なぜ基本が大切なのか…。そのようなことを親の代わりに伝えてくれるのです。

親ができることは、「外の師匠」に出会えるようなサポートをすることです。部活動や習い事に関してはどんどん奨励しましょう。

憧れの先輩がメンターに

スポーツクラブや習い事、部活動などの良いところは、外の師匠だけではなく、「少し年上の先輩」にも出会えることです。

思春期には、こうした先輩の存在も非常に重要です。尊敬する先輩がいると、「あの人のようになりたい」と考え、手本にしたり、追いつくための努力をしたりするようになります。自然と、前向きな気持ちを持てるようになります。

私自身、そのような経験をしています。高校入学後に野球部に入ったところ、目標となる先輩とたくさん出会えました。

「あの先輩みたいに速い球を投げるにはどうすればいいか」

「あの先輩みたいに盗塁がうまくなるにはどうすればいいか」

自分の課題に没頭し、やる気を失わなかったのは、先輩たちがいたからです。おかげで、キツい練習にも必死でついていき、体力や根性が鍛えられました。

また、先輩と親しくなると、教えてくれることも多いものです。敬語をはじめとした礼儀作法や、アドバイスを受ける時の態度、OBへの気遣いなど、社会に出てから人づきあいで必要になるものばかりです。

このように、親はあえて教えないけれど知っておいてほしい大事なことは結構あります。また、親からは伝えにくいこともあるでしょう。そうした時に、憧れの先輩は頼りになるものです。

かつては、地域社会で青年会があり、自然に受け継がれていった経験や知識も、時代とともに、意図的にどこかに所属しなければ得られなくなりました。

子どもが外から学ぶ機会をつくってあげる。これも親の役目です。

「尊敬できない大人」との出会いも仕掛ける理由

さらに、子どもに刺激を与えるには、外の師匠や先輩以外にも、様々な大人の話を聞く機会をつくってあげましょう。

「たくさんの大人が出入りする家の子どもは、人間力が高い」などというように、多様な価値観に触れていると、その子の人生観や生き方の軸が確立していきます。

人生観や生き方の軸の形成に欠かせないのは、**その分野で第一人者と言われている人との出会いです。**

スポーツでも芸術でもそうですが、一流の人の言動や振る舞い、たたずまいは、明らかに他の人とは違います。そうした人の姿を見て、話を聞くと、子どもは感銘を受け、「この人のようになりたい」と言動や行動をマネするようになります。

自治体が主催する講演会なら安価に話を聞けます。今なら、オンラインセミナーなどで話を聞いても良いでしょう。

また、ちょっとややこしい人と接することも重要です。

たとえば、いつも怒っている親戚のおじさんがいたら、敬遠しがちですが、あえてコミュニケーションをとらせるのです。すると、「なんでこのおじさんはいつも怒っているのか」、その背景がわかります。

聖人君子ばかりではなく、エゴをむき出しにした、ある意味人間らしい人と話すことが、豊かな人生観を育てます。また「狡猾な人とは」「信じてはいけない人とは」といった経験値が積み上がり、人を見る目が養われるのです。

ちなみに、問題児とされている子どもが同学年にいると、「〇〇くんと遊んじゃダメ」などと言いたくなるかもしれませんが、それはいけません。**苦手な人も含めていろいろな人と接することが、人間関係を学ぶことにつながるからです。**

社会に出れば、気の合う人、苦手な人、理解できない人、親よりも尊敬できる人、いろいろな人に出会います。「こういう人、いるよな」と免疫をつける意味でも、反面教師にする意味でも、多様な価値観に触れる意味でも、様々な大人の話を聞く機会は大切なのです。

子どもとの適切な距離感は？

意外と大切な「親の繰り言」

このように思春期以降の教育は、「外の師匠」をはじめとした親以外の人との出会いが重要になってきますが、親が何もしなくて良いわけではありません。

親の言うことを聞かなくなる時期ではありますが、それでも大事だと思うことは伝えるようにしましょう。

ポイントは、第1章でもご紹介した家訓をシンプルな言葉で伝えること。ごちゃごちゃ言ったところで、聞いてはくれません。

たとえば、

「好きなことを大切にする」

「迷った時は、キツい方を選ぶ」

「1つのことで良いから、最後までやりとげる」

というようなことです。

こうした「親の繰り言」は、想像以上に、子どもの頭に刷り込まれるものです。大人になった時に、「そういえば、お母さん、お父さんがあんなことをよく言っていたな」と思い返す時がきます。その時に、我が子に何を思い出してほしいかを考えると良いでしょう。

子どもに相談してもらうためには「大人扱いする」

「困った時に、相談に乗ること」も、思春期の子どもを持つ親の役目です。

「いつでも相談してね」とストレートに伝えるのは良いのですが、それだけではなかなか相談してもらえません。一工夫必要です。

女の子の場合は、「対等に扱うこと」がポイントです。

親が自分からいろいろ相談すると、「自分も相談しようかな」となります。

たとえば、「お父さんと結婚する前にこんな人と付き合っててね…」みたいな話は子どもにしてはいけないと思いがちですが、思春期の女の子だと、意外と受け止めてもらえるものです。

その結果、娘も「実は彼氏がいる」というような内緒話を打ちあけてくれたり、腹を割った相談をしてくれたりすることがあります。

一方、男の子の場合は、「ああすべきだ」「こうすべきだ」と説教をするのではなく、「お父さんが子どもの時はこうした」というように自分の体験談を話すと良いでしょう。

自宅だとなかなかそういう話にならないので、男二人旅に出かけてじっくりと話す時間をつくるのもおすすめです。

自分を客観視する「日記のススメ」

思春期を迎えた我が子にすすめてほしいのが「日記を書くこと」です。

理由は、思春期にありがちな様々な心の葛藤を整理し、自分を客観視するのに役立つからです。

つらいことがあった時、日記で「何がつらかったのか」「何で傷ついたか」「どうして怒ったのか」などを言葉にすると、自分の心の中を整理することができます。

友達と喧嘩して、お互い口を聞かなくなってしまったのなら、

「なぜこうなったのか」

「なぜ自分は相手に対してこんなに怒っているのか」

「なぜ相手は自分のことを怒っているのか」

などを書いていくと、ごちゃごちゃしていた頭の中が整理されます。

すると、「こんな些細ことで怒るなんて、なんて自分は小さな人間なのか」「無視するのもなんだし、明日俺から謝ろうかな」などと、冷静な判断が下せるようになるのです。

また、「どう考えても相手が悪い」「僕からは絶対に謝らないぞ」という結論に達す

ることもあるでしょう。それはそれでOKです。どちらにしても、考えが整理されるので、ストレスが減ります。

多くの場合は、「自分が小さなことに左右されている」と気づくものです。同級生に対して「あのやろー、いるだけで腹が立つ！」などと思っているものの、何でそんなに腹を立てているか、自分でもよくわからないことがあります。それをああでもないこうでもない、と日記に書いていると、単に自分の好きなA子ちゃんと仲良く話しているだけ、ということが見えてきた。「俺、嫉妬しているだけじゃないか」。そんなふうに思うわけです。ちなみにこれは、私の体験です（笑）。

こうして日記を書いていると、周囲の大人の評価ばかり気にしている自分や、イジメのターゲットにはなりたくないと思って卑屈な行動を取っている自分、とにかくモテたくて何かするけれど空回りしている自分など、様々な自分に気づけ、見つめ直すことができるでしょう。

続けていると、自分のモヤモヤした思いを書かずには眠れなくなります。そして日記を書いてスッキリすることが習慣化するのです。これは今後の人生においても、非常に役立ちます。

日記は、軸づくりにも役立つ

この日記の効能を私は実際に体験しています。

私は中学3年生の時、生徒会長かつ級長かつ合唱の指揮者という、いかにも優等生というポジションにいました。「これからの○○中はこうあるべきだと思います」などと言って、みんなから「おおー、高濱くんはすごいねえ」と言われていました。

しかし、そんな生活に虚しさを感じて、日記に「立派なことを言っているけど、本当は、女の子と仲良くしたい自分がいる！」みたいなことを書いていたのですね。

すると、自分を客観視できるようになり、

「こんなことをしても、ちっとも心が震えない」

「完全に偽物の自分を生きている」

ということに気づきました。

高校に入学して野球部に入ったのは、そんな思いがあったからです。

周りからは、

「野球部なんて入ったら、不良になって浪人するよ」

「志望校現役合格を目指すなら、弓道部に入った方がいいよ」

などと言われていたのですが、その不良っぽいところにそそられるし、野球部は花形で、応援も大勢来てくれるので、「かっこいいなー、モテるかもなー」と思ったのです。

そして、野球部に入ると、目標となる先輩たちに出会えたのは、前述した通りです。その先輩を仰ぎ見ながら、下手なりに練習して、日々を一生懸命に生きたことで、幸せな時間を過ごせましたし、その時学んだことは今にも活かされています。

このように、日記を書くと、自分の心に正直に生きようと考えるようになるわけです。言い換えれば、自分の軸を確立するのにつながると言えるでしょう。

ただし、**子どもに日記をすすめたからには、絶対に守って欲しいことがあります。**

それは、「絶対に日記を見ない」ことです。そうでないと、子どもは正直な気持ちを書きません。またお母さん、お父さんが日記を盗み見したことがバレたら、子どもは失望し、心を閉ざしてしまいます。

「絶対に見ないから安心してほしい」と子どもの前できちんと宣言しましょう。

コラム② 日記は小学校低学年&親にもおすすめ

日記を書くと良いのは、思春期の子どもだけではありません。9歳までのオタマジャクシ期の子どもにもおすすめです。

その日の出来事、自分の感覚や感情を言葉にすることに慣れていないと、思春期に入っていきなり日記を書けと言われても、何も書けないことが多いのです。

ですから、この年代はまず、その日にあったことを書くだけで構いません。たとえば「今日はサッカーをしました」でもOKです。できるだけ詳しく書いてもらうことで、感じたことを言語化することができ、言葉の力が鍛えられます。

言葉が出てこない時は、親が引き出してあげましょう。その時、

「何が見えた？」

「どんな音が聞こえた？」

「どんな匂いがした？」

などと五感について質問すると良いでしょう。

サッカーなら、

「コーナーの旗がパタパタいっていた」

「グラウンドの土が良い匂いだった」

といったいろいろな情景が出てきてたら上出来です。内容が具体的になるだけでなく、自分の感覚や感情に気づく練習にもなります。


一方で、お母さん、お父さんには育児日記をおすすめします。子育ての悩みを整理でき、「叱ってしまった自分」や「落ち込んだ自分」を客観視できます。育児のストレスが軽くなり、子どもに優しく接することができるようになるでしょう。

第8章

「子どものイジメ」に親はどこまで介入すべき？

もし、我が子がイジメられたら？

イジメは魚の群れでも起こる

我が子をつぶす脅威の1つに、「イジメ問題」があります。

「できればイジメにあわないまま、大人になってほしい」というのが親の願いですが、実際にはそうは うまくはいかないこともあります。

どんな世界でも、多かれ少なかれイジメは起こるからです。

以前、ある有名な方が新聞に寄稿したイジメに関するコラムで、こんなことを書いていました。

「水槽に魚の群れを入れると、必ずイジメが起こる。イジメられた魚をすくってあげると、次は別の魚がイジメられる。魚が群れでいる限り、いつまで経ってもイジメはなくならない」

これは人間にも同じことが言えます。集団ができれば、高確率で誰かがイジメのターゲットになるのです。

最近はSNSを使ったイジメも加わり、その手口がどんどん巧妙かつ陰湿になっています。そんな中、我が子がイジメられていることを知ったら、ほとんどのお母さん、お父さんは気が気でなくなるでしょう。

「愛する我が子をつぶされるわけにはいかない」

「一刻も早くイジメを止めて、我が子を助けたい」

そう思うのが当たり前です。

担任の先生や校長先生に相談するべきか。それとも、イジメの首謀者の親のもとに直接乗り込むべきか。お母さん、お父さんはどう対処すべきか悩むでしょう。

では、どうすべきなのか。低学年と高学年に分けて解説していきます。

イジメを事件化してはいけない

我が子をつぶさないためには、子どものイジメにはできる限り親が介入しない方が得策です。

大人が事を荒立てて「事件化」すると、良いことは何もないからです。

まず、小学3年生ぐらいまでのイジメは「事件化」したところで、あまり意味はありません。イジメた側もイジメられた側もすぐに忘れてしまい、あまり尾を引かないケースが多いのです。

もちろん、見過ごせないほどのひどい暴力を受けたら、即刻学校の先生に報告した方が良いでしょう。ですが、そうでなければ放っておいても大丈夫です。

子どもは子どもなりに、イジメやケンカ、孤独といったネガティブな経験を経て強くなっていきます。そうした経験があるからこそ、人に優しくしたり、仲直りしたり、内省したりできるのです。

我が子に害が起きないよう未然に防ぐという無菌主義では、強い心が育ちません。

気をつけなければならないのは、小学5年生以降にイジメを受けた時です。このぐらいの年代になると、「あいつ、チクったな！」と憎悪の火を燃やすことになり、もっと残酷なイジメにあうことが少なくないからです。

良かれと思ってした親の行動が、イジメをエスカレートさせてしまう。こんなこともあるのです。

最悪なのは、そもそもイジメではない「子どものケンカに親が出る」ケースです。些細《ささい》なきっかけから始まった子どものケンカに親が干渉し、親同士がいがみ合う。当事者以外がしゃしゃり出て、余計なことをした挙句、大事《おおごと》にしてしまう。最終的には、子どものケンカに親や先生が介入して解決する――。

これでは、子どもは自分が何もしなくても、誰かが解決してくれると思ってしまいます。社会に出れば、親が乗り込んで問題を解決するわけにはいかず、自分で責任を背負わなければなりません。

程度にもよりますが、我が子が大人になった時の予行演習だと思って、なるべく手を出さないようにしましょう。

まずは、事態を把握する。そして、基本的な人間関係のトラブルは、自力で解決させる。これも、つぶさない教育の一環です。

「これは、本当に悪質だぞ」と判断した時のみ、介入しましょう。

基本は、子どもの話を聞くだけで良い

親の「聞く力」を伸ばす3原則

では、我が子がイジメを受けたら、どのように対処すれば良いのでしょうか。

子どもが小学校3年生以下の場合、お母さん、お父さんは単に子どもの話を聞いてあげるだけでかまいません。それだけで子どもはスッキリします。

話を聞く時のポイントは、「繰り返す」「言い換える」「共感する」の3つ。

たとえば、「○○くんにほっぺたを叩かれた」と言われたとしたら、

「○○くんが叩いてきたんだ」（繰り返す）
「○○くんが暴力を振るったということだよね」（言い換える）
「痛かったね」（共感する）

といった順番で、子どもの話を聞くのです。

このように、「繰り返す」「言い換える」「共感する」の3つを意識すると、子どもは「自分のことを理解してくれている」と感じます。ハブかれた、叩かれたなどして感じた悲しさや悔しさなどが癒されていきます。

この話法に加えて、話を聞き終えたら、ぎゅーっと抱きしめてあげると、より効果的です。このような動物的温もりは脳の芯の部分に染み渡るので、想像以上に子どもの心を安定させます。そして、自分で立ち直ってくれるでしょう。

ちなみに、この「繰り返す」「言い換える」「共感する」は私のオリジナルではなく、精神科の先生から教えてもらった方法です。子どもだけでなく夫婦間の会話でも同じような効果があります。女性よりも男性の方ができないことが多いので、お父さんはとくに心がけると良いでしょう。

親にイジメられていることを知られたくない

一方、小学校高学年以降のイジメの場合は、「聞かない」ことが鉄則です。「イジメられているの？」「どんなふうに？」などと、聞いてはいけません。

なぜなら、**子どもは親に自分がイジメられていることを知られたくない**からです。

つらい状況にあったとしても、子どもは、なんとか自力でイジメの問題を解決したいと思っています。誰かに助けられると、いかにも自分が弱い人間だと思えてきて、ますますみじめな気持ちになるからです。

また、イジメがエスカレートすることもよくわかっています。

その「誰か」の最たる人が、親なのです。

この年齢になると自立心が芽生えてきますが、親に助けられているという事実は、「自立できていない自分」をつきつけられるようなものです。また、クラスメイトから、「親に頼っている情けないやつ」だと思われるのも恥ずかしい。そう考えると、絶対に親には関わってほしくありません。

それにもかかわらず、「こうやってやり返せばいいんじゃないか」といった策を授けられるのも、「教頭先生にこんなことを言ってこういう話し合いをしたからね」と先手を打って解決に乗り込むのも、子どものプライドを踏みにじるようなものです。

親に、「かわいそう」と同情されるのも、子どもは傷つきます。

小学校高学年の場合でも、子どもから相談を持ちかけられた時は、前述した「繰り返す」「言い換える」「共感する」の要領で聞いてあげれば良いでしょう。

もちろん、子どもの方から打ち明けてきた場合は別ですが、子どもが何も言ってこない場合はぐっとこらえるのが親の役目です。

安全基地があれば、子どもはつぶれない

子どもが「安らぐ家」をつくろう

小学校高学年以降の子がイジメられた時、親がすべきことは、「いつもどおりの家」

をつくることです。

学校でつらいことがあっても、家に帰ってくればリラックスできる。たわいもない会話だけれども、お母さんやお父さんの愛情が感じられる。そういった環境があるだけでも、子どもは救われます。

「居場所がある」「絶対にこの人だけは自分の味方だ」という気持ちになると、イジメに立ち向かう気力が湧いてくるのです。


また、**学校以外の環境に連れ出してあげるのも、良い手です。**スポーツクラブでも習い事でも何でもさせてあげてください。第7章でもお話ししましたが、外の師匠や先輩が救いになることがよくあります。

また、スポーツや勉強で優秀な成績を出すことで、イジメに立ち向かう勇気が湧くこともあります。我が子の自信を育てることも、イジメ対策には有効なのです。

私がイジメを吹っ切れた理由

結論としては、お母さん、お父さんがうろたえずに、ドンと構えていればいいのです。「本当にそれだけで、我が子が立ち直るのかしら…」と思うかもしれませんが、大丈夫です。

実際に、私もそれで立ち直ることができました。

小学5年生の時のことです。私は頭が大きいという理由で、クラス全員から「でこっぱち」とからかわれていました。ワーワーワーワーとはやしたてられ、好きな女の子にまで「でこっぱち」とからかわれる始末。教室に入るのが嫌で、毎日、入り口にポツンと立って、モジモジしていました。それを見て、ますますクラスの皆は沸き立つわけですね。

そんな僕を救ったのは、母親でした。ただ、**「あんたが元気なら良かとよ」と言って、私をギュッと抱きしめてくれたのです。**

要するに存在を認めてくれたわけですね。「俺がいることで、お母さんは嬉しいんだ」と思えると、気持ちがスーッと楽になりました。

するとなんだか、からかわれたことも「それがどうした」と思えてきました。むしろ、「なんでこんなことに悩んでいたんだろう」とさえ思えて、次第に「笑いたければ、笑えばいい」と意欲が湧いてきたのです。何だってできるような気がして、児童会の副会長に立候補しました。

選挙演説直前に、急にギャグを思いつきました。「私があの、頭のでっかい高濱正伸でーす」と言って横を向き、前後に大きな頭があえて見えるようにしたのです。「つらいことがあったらネタにしろ」とよく言いますが、まさにそれをしたのです。たまたまその後、挨拶したらマイクに頭が当たってしまうオマケまでつきました。

すると、全校児童がドカーンと大爆笑。以降、イジメがピタッと終わったのです。それまで私は学校ではどちらかというとモジモジした子どもでした。それが皆を笑わせて自信を持ったことで、陽気なキャラクターに変わったのです。だから、イジメ甲斐がなくなったのでしょう。

イジメっ子は、生命力の乏しさに目をつける

小学校の時にイジメを克服した経験から、私は「イジメにあった時にどう立ち向かえば良いか」を学ぶことができました。

それが、中学校でイジメられた時に役立ちました。

入部したバレーボール部で起きた出来事です。部員の間で、「理不尽なトレーニングばかりさせられる部活はおかしい」という話になり、30人ぐらいがいっぺんにやめたことがありました。

しかし、私は、「そのぐらいのことでやめたくない」と、一人残りました。すると、「裏切りやがって」とやめたメンバーからシカトされたのです。

小学生の時のモジモジしていた頃の私なら、ひるんでいたことでしょう。

ただ、この時はどこ吹く風。「まだシカトしてんのかよ?」という感じで、強気でにらみ返していました。すると、あっという間にイジメが収束しました。

「堂々としていれば、イジメられない」。そうした意見を見聞きして、「イジメられたことがない人だから言えるのだ」と思った方もいるでしょう。

ですが、イジメられた経験のある私も、この意見は本当だと考えています。イジメっ子は、生命力の乏しさに目をつけて狙ってきます。だから、生命力の強いところを見せると、イジメてこなくなるものなのです。

相手を殴るまではいかなくても、時には大声を上げたり、にらんだりというような、強気な姿勢、毅然とした態度を示すことは必要です。とくに、人の気持ちがよくわかる優しい子ほど目をつけられやすいですから、こうした子ほど必要なのではないでしょうか。

残念ながら、イジメは大人になっても起こります。その時に困らないように、子どもの頃にイジメをはね返す力を身につけておく。そのように導ければ、親の役割としては満点と言えるでしょう。

不登校の我が子にどう接すれば…

不登校の原因究明は悪手

イジメと並んで、お母さん、お父さんが対処に悩むのは「不登校」です。

子どもが急に「学校に行きたくない」と言い始めた。仮病を使うようになった。初めてこのようなシチュエーションに直面すると、誰でも戸惑うはずです。

子どもが不登校になった時、お母さん、お父さんの99％は、学校に行きたくなくなった原因を探り出します。「どうして行きたくないの？」と子どもに聞き、原因を突き止め、対策するわけです。

たとえば、「○○くんと仲が悪くなって、行きたくなくなった」と言うと、そのことを先生に伝えて、こじれた人間関係を修復しようとするわけですね。

原因を突き止めて対策する。一見、うまくいきそうに思えますが、ほとんどの場合、そうはいきません。

なぜなら、多くの場合、不登校になる原因は1つではないからです。

不登校の生徒を大勢見てきましたが、イジメのような明確な原因があるケースは少数です。

嫌なことがいろいろと重なると、ネガティブな気持ちになり、「なんでかわからないけれども、とにかく行きたくない」というケースが多いのですね。

『学校は行かなくてもいい』（エッセンシャル出版社）の著者、小幡和輝さんも本の中で、不登校・引きこもりになった理由を「なんとなく行きたくなくなった」と語っています。

不登校の原因を聞かれた子どもは、一応、原因を考えて答えますが、理由はそれだけではないので、一つ解決したところでほとんど意味がないのです。

引きこもりのドアを開けるのは誰？

不登校の原因を無理に聞き出そうとすると、子どもは学校に行きたがりません。いろいろな人のせいにすることで、なかなか自分で立って歩き出せなくなります。すると、いつまで経っても自分に自信を持てなくなり、ますます外に出られなくなるという悪循環が起きるのです。

長期の引きこもりを防ぐためには、同じような経験をしていて、親身になって話を聞いてくれる人の存在が重要になります。

自分と同じように悩み、乗り越えた経験がある人に対しては、心を開き、自分の思いを吐き出します。自分の気持ちをわかってもらえる、と思うのです。

『不登校・ひきこもりの9割は治せる』（光文社新書）の著者である杉浦孝宣さんは、社会的引きこもりを支援する活動をしており、実際に1万人以上の生徒を立ち直らせてきました。

その杉浦さん曰く、不登校や引きこもりの子を立ち直らせるコツは、**20歳になるまでに、同じように引きこもりの経験をしたことのあるお兄さん、お姉さんと会わせることだそうです。**

学校の先生が訪問して来ても自室に閉じこもって出てこないような子でも、同じように引きこもった経験のあるお兄さんやお姉さんが、

「遊びにきたよ」

「俺も、3年間ずっと部屋の中いたんだよねー」

などと言うとドアを開け、話してくれるのだそうです。

私にも似たような経験があります。

ある私立中学校に通う子が、留年して友達が変わったとたんに鬱状態になってしまい、登校できなくなったことがありました。そこで、家庭教師として私がその子の面

倒をみることになったのです。

私がその子と接する時に意識したのは、何かを教えることではなく、その子の心に寄り添うことでした。親身になって話を聞く、その子の発言に、イキイキしたリアクションを取る。一緒に悩んで考える――。徹底的に、その子と同じ目線に立ったのです。

当時、私は30歳前後ということもあり、その子の目には、「立派な先生」というよりも、「近所のお兄さん」に映ったかもしれませんが、だからこそ気安く、いろいろと話してくれたのでしょう。親しみやすく、話しやすい関係を築くことに注力した結果、その子は私に心開いてくれたので、回復に導くことができました。

その後、高校でもう一度引きこもりになった時も、私が呼び出されました。その時も前と同じように接し、立ち直りました。今では立派に働いています。

メンターになってくれる人を見つけたら、困った時に力を貸してもらいましょう。自分たちだけで無理に解決しようとしないことが、良い結果を生むはずです。

コラム③ コーチが合わなかったら?

「子どもが入っているサッカークラブ。サッカー自体は好きだけれど、コーチがいつも怒鳴っていて、子どもが萎縮している…」。

このような悩みは以前と比べてだいぶ減ってきましたが、まだまだあるようです。

指導者がパワハラ当たり前の前近代的な教育で育ってきていると、自分も同じように教えてしまいがちです。

パワハラまではいかなくても、コーチと子どもとの相性が合わないことも少なくないようです。

「外の師匠」の必要性を話しましたが、誰でも良いというわけではありません。合わない指導者のもとにいると、我が子を精神的につぶしてしまうこともあり得ます。誰から学ぶかで、その子の人生は180度変わってしまうぐらいのインパクトがあります。

もし「価値観が異なる」という雰囲気を感じたら、子どもにガマンを強いることなく、辞めさせることを検討してよいでしょう。子どもが伸びる場は無限にあります。

第9章

「どんな時代でも、笑顔でいる大人」を育てる

「逆境力」と「切り替える力」があれば、もう心配ない

逆境でも、軸があればメンタルは折れない

我が子を、「自立して、幸せな生活を送れる大人」に育て上げるうえで、もう1つ大切なことがあります。

それは、「逆境にへこたれないメンタルを授けること」です。

お母さん、お父さんもよくわかっているように、人生は順風満帆にはいきません。逆境に立たされる場面は、たびたび訪れます。

仕事では、業績不振を叱責されたり、チームマネジメントがうまくいかなかったり……。勤務先の業績不振で給料がカットされることもあれば、失業の憂き目にあうこともあります。

プライベートでも、突然、親の介護が必要になったり、ママ友同士の人間関係に悩まされたり、と様々な問題が発生します。

昨今の新型コロナウイルスの感染拡大によって、収入が激減した人も少なくないでしょう。こうしたニュースを目にするたび、胸が痛くなります。

どんなに恵まれていても、人生の逆境がない人などいません。

しかし、**つらい時でも哲学や軸があれば、自分を肯定できる。そして、「私は幸せだ」と自信を持って言える大人になれます。**

また、**逆境や試練に立ち向かう経験をするからこそ、自分なりの哲学や軸を構築することができる**と、私は考えます。

すぐに「へこたれてしまう」のはなぜか？

実際は逆境に見舞われると心がポッキリ折れてしまう大人が少なくありません。それどころか、逆境とも言えないような些細なことでめげてしまう人が増えている、と聞きます。

たとえば、「仕事の失敗を叱られて落ち込み、そのまま会社に来なくなった」「仕事が厳しい、と入社後数日で辞めてしまった」といった具合です。

なぜ、すぐに心が折れてしまう大人が増えているのでしょうか。

厳しいように聞こえるでしょうが、原因の1つはお母さん、お父さんの育て方にあります。

大人になるまでに、逆境に立ち向かう経験をさせてこなかった。つらいことがあっても、親が手助けしてきた。その結果、「逆境につぶされないメンタル」を養う機会を得られないまま、大人になってしまったのです。

その状態で社会に出れば、小さな逆境にすら負けてしまうのもムリありません。

我が子を「簡単に心が折れてしまう大人」にしたくないなら、子どもの頃に、メンタルを鍛える必要があります。

具体的には、
1.「逆境を楽しむ力」
2.「切り替える力」
この2つの力を身につけられるよう、導いてあげるのです。

「逆境力」を育てる3ステップ

世界はいつも自分にフェアとは限らない

「逆境を楽しむ力」とは、文字通り、逆境に置かれても、その状況を楽しんでしまえる能力のことです。

理不尽なクレームを受けた時でも、この能力を持っている人は「なかなか手強いクレームじゃないか、どう解決しようか」「このお客様を、自分の手によってファンに変えてしまおう」などと、逆境そのものを楽しみ始めるのです。

ただ、いきなり逆境を楽しめるようになる人などほとんどいません。何事にも順序があります。

まず、子どもに知っておいてほしいのは「世界はいつだって自分にフェアとは限らない」ということです。

社会には理不尽な出来事がたくさんあります。仕事で部下のために頭を下げたり、誰かが丸投げした仕事の尻ぬぐいをしたり、入念に準備したプレゼンを大勢の前でこきおろされたり…。

とはいっても、大人だけでなく、子どももそれなりに理不尽な思いをしています。仲良しの子から「今日は遊ばない」と言われて落ち込んだり、通っているサッカーチームの監督の虫の居所が悪くて、いつもと同じプレーをしているのに怒り気味に指示を出されて困惑したりします。

このような子どもの頃の理不尽な体験も、意味があると私は思っています。そうした経験をすることで、「相手の機嫌が悪かったり、不運が重なったりすると、自分が悪くなくても、きつく当たられたり、嫌なことが起きたりするんだ」と免疫がつくからです。いつもお日さまが照っているわけじゃなく、雨の日もあります。

これが続けば問題ですが、大抵のことは大丈夫でしょう。

先ほどの続きで言うと、昨日は友達に「遊ばない」と言われたけれど、今日は一緒に遊べた。サッカーチームの監督が、良いプレーについてしっかりとほめてくれた。ほとんどが、そんな感じで終わります。

「たまたま、そういう日だっただけなんだ」。世界に対する信頼があれば、悩むことなくそう考えることができるでしょう。

もちろん、第2章でご紹介した「自己肯定感」が基盤にあってこそ、です。

「負ける経験を与える」のも親の仕事

逆境を乗り越えるためには、「敗北を知る」という経験も欠かせません。

私が尊敬する某ビジネススクールの学長Aさんは、5人の息子さん全員に囲碁を習わせていたそうです。その理由は2つ。

1つは「頭の回転が良くなるから」。

そしてもう1つは、「子どもに『負ける経験』を与えられるから」。

息子さんたちは、囲碁教室でライバルたちと切磋琢磨するだけでは飽き足らず、自宅に帰ってからも兄弟同士で対戦をしていたそうです。相手はお兄ちゃんだろうが、弟だろうが、純粋にその時に強い方が勝ちます。

勝負事には、常に好調と不調の波がつきまといます。負けが込むこともあるでしょう。そんな時、「もうやらない！」とふてくされることもあるはずです。勝負にこだわる男の子なら、なおさらでしょう。

そうした時、**「いかに負けを処理するのか」、これが重要なポイントです。メンタルコントロールの練習になるからです。**「ま、こういうこともあるよな」と感情面の処理をして、冷静に感想戦に切り替えられるかどうか。私は、これを「負けに慣れる」と呼んでいます。

誤解しないでいただきたいのですが、「負け癖がつく」ことと「負けに慣れる」ことは、違います。前者は、「どうせ今回も勝てない」と勝つことを諦めてしまっている状態、それに対し、後者は負けを受け入れたうえで、次を見据えている状態です。

結果を受け入れ、次は負けたくないから努力する。

すると、着実に実力もつき、心も強くなります。そうして、**「確実に勝ち星を増やしていく実感」が得られれば、逆境を乗り越えるメンタルも育っていく**でしょう。

勝負事でだけでなく、何かに挑戦して失敗した経験も同様です。「失敗を成功に変えていく、確かな手ごたえ」があれば、自ずと心は強くなります。

こうしてもまれていった結果、Aさんの息子さんたちは皆囲碁が強くなり、小学生大会で全国優勝をする子も出ました。進学した大学も一流大学ばかりです。

「思ったよりも、自分はやれる」感覚を育てよう

挫折には、

「サッカーチームのレギュラーから外された」

「バレエの発表会で、ミスをしてしまった」

「受験対策塾のテストの結果が思わしくなかった」

といった負けや失敗の形もあります。

大人から見ると「まあそういうこともあるよな」と受け止められることでも、子どもからすれば大きな挫折に思える出来事はたくさんあります。


ここまでお読みの方はすでにお気づきかと思いますが、**重要なのは子どもに「挫折を乗り越える経験を、できるだけ多くしてもらうこと」です。**

悲しんでいる我が子を見るとついなぐさめたくなりますが、このような挫折経験は成長するためのチャンスです。手を貸してはいけません。

これを自力で乗り越えられた時、初めて自信がつきます。


さらに、自分でも思ってもみなかった成功体験までできれば、見違えるように心が強くなります。

たとえば、サッカーで補欠になった時、「もう一度レギュラーになるんだ」と一生懸命練習したら、レギュラーに戻れただけでなく、試合で大活躍。決勝戦でゴールを決め、人生で初めて優勝を経験できた。

このように、「自分はここまでしかできない」といった**限界を超える経験ができる**

と、**「思ったよりも、自分はやれる人間だ」と思えるようになります。すると、大きな自信につながる**のです。

前述した為末大さんも、著書で「僕はここまで、という線を引いてしまうと、そこまでしかいけない。しかし、どうにか突破できないだろうか、とイメージするようにすると、そのギリギリの壁を突破できることがある」という主旨の発言をしています。「できる」というイメージは非常に重要であるわけです。

挫折を乗り越えると、「挫折をバネに成長できる」「挫折から這い上がると、こんなにうれしい気持ちにひたれる」ことが子ども心にもわかります。

すると、逆境に置かれた時でも、「頑張れば、あの時のようにプラスに変えられるかもしれない」とワクワクした気持ちにすらなるでしょう。

この「逆境を楽しむ力」を、小学校高学年から中学生の頃に養っておけば、受験やスポーツの大事な試合を乗りきれるようになりますし、就職活動や社会人生活でもこの力は役立ちます。

「転ばぬ先の杖」は残忍な行為

子どもの「逆境力」を育てるために、お母さん、お父さんが直接できることは残念ですが、それほどありません。基本的には、子ども自身が育てるものなのです。

親ができることと言えば、第2章で述べた「自己肯定感を育てること」だけです。

お母さん、お父さんの愛情と、社会的自信をつける経験によって、自己肯定感のベースを築いているかどうかが、逆境にぶつかった時に効いてきます。

一方、絶対にやってはいけないこともあります。

それは、「転ばぬ先の杖を出す」ことです。

子どもが勉強やスポーツで挫折しているのを見ると、お母さん、お父さんはつい手助けをしたくなるものです。

勉強で行き詰まっていたら、手取り足取り教えてあげる。スポーツクラブでレギュラーから外された時には「こういうふうに練習したら良いんじゃないか」とアドバイスする、といった具合です。

しかし、親は余計な手助けをしてはいけません。たとえ挫折を乗り越えたとしても、「自分の力で乗り越えた」と思えなくなるからです。

哲学者のルソーは、著書『エミール』（岩波文庫）の中で「子どもが転ばないよう、転ばぬ先の杖を出し続けることが、子どもにとって一番残忍な行為なんだ」という意味のことを述べています。これは、決して大袈裟な表現ではありません。

手助けをすることで、自分で危機を切り抜ける力が弱くなる。自信もつけられなければ、将来メシを食っていけなくもなります。我が子を飢えさせてしまうかもしれません。転ばぬ先の杖を出すことは、一見親切なようで、残忍な行為なのです。

挫折した時、せめて元気づけることぐらいはしてあげたいと思うかもしれませんが、思春期以降の子は、基本的に親になぐさめてほしい気持ちはないので、聞いてあげるだけで十分です。あなたがいてくれて嬉しいという気持ちで「おかえり」と心を込めて言うひと言が、一番きくかもしれません。

9歳までの子どもでも、過剰に元気づける必要はありません。共感するだけでOK。たとえば、「補欠になっちゃった」と落ち込んでいたら、「補欠になっちゃったんだ、つらいねえ」程度で良いのです。

小さな頃は回復力がすごくあるので、共感するだけで、生きていくエネルギーが湧いてきます。

「切り替える力」は人生の極意である

99%はプロにならない。では、その経験はムダなのか？

受験に限らず、努力すれば夢は叶う、逆転できるかというと、現実は甘くはありません。どんなに頑張ったところで叶わなかったり、負けたりすることはあるのです。

ただ、ここで結果が出なかったからといって、「私の努力はムダだった…」と考えるのは時期尚早です。極端な例ですが、ピアノやサッカーを一生懸命練習したところで、99％の人はプロにはなりません。では、**トップになれなかった99％の人にとって、それは意味のない経験だったのでしょうか。**

そんなことはありません。その経験を、自分にとって意味のあるものにすればいいだけだからです。気休めでも何でもありません。ただ、自分の考え方次第です。

確かに、その時の競争では、結果が出なかったかもしれません。ですが、ピアノでどれだけ練習しても入賞できなかったり、スポーツで努力の甲斐なく補欠に終わったりした経験は「この場面を、何かに活かそう」と、まったく違うベクトルに昇華すればいいのです。

第6章でご紹介した「ゲーム設定力」の話を覚えていますか？　一度失敗しても、また気持ちをリセットして新しいゲームを楽しむ力のことです。

勝っても、負けてもその瞬間だけ。終われば、ノーサイド。勝ったら思いっきり喜んで、負けたら涙が枯れるくらい泣いて、すぐに「次」を見据えるべきです。

また、就職や転職、新しい学校への入学・転校など、環境が大きく変わった時も、自分の気持ちを切り替えることが必要です。

高校に入学した時に「中学の友達と一緒が良かったなぁ」と引きずっていては、新しい友達はできません。転職した会社で「前の会社では…」などと言っていたら、嫌われるだけです。

幸せな人生を送るには、気持ちを切り替えて、自分の執着や固着を捨てることも欠かせません。

できる子に共通する「あそぶ力」とは？

さて、気持ちの切り替えと同じくらい大切なのが、「方法を切り替える力」です。

子どもが算数の難しい問題を解いているとしましょう。

その時、解き方Aではうまくいかないので、解き方BやCに瞬時に切り替えることができるか、ということです。

「うまくいかなければ、違う解き方を試すのは当たり前じゃないか」と思うかもしれませんが、意外と切り替えられない子は多いのです。

子どもよりむしろ、大人の方が多いのではないでしょうか。成功体験に縛られ、同じ方法に固執してしまい、他の解き方を考えようとしなくなるのです。

以前、中学3年生を対象に、数学の成績が伸びない子と伸びる子を調べたことがあり、伸び悩む原因が、この切り替えができないことでした。

証明問題で、その方法ではうまくいかないとわかっているのに、いったん消しゴムですべての式を消した後、再度まったく同じ方法で解き始める子が何人もいたのです。

小学生までは算数が苦手ではなかった子でも、そうなってしまうことは珍しくありません。

それに対し、**「方法を切り替える力」を持っている子は、解き方を柔軟に変えていきます。違う角度から何種類も解く方法を見つけられる子もいます。**

それができるのは解き方をいくつも知っているからだけではありません。自分が、「よし、これだ」と思ってこだわった方法に執着せず、すっと違うやり方に挑戦できる柔軟性があるのです。

私は、この切り替える力を、車のハンドルのあそびのような意味を込めて、「あそぶ力」と呼んでいます。

車のハンドルには、左右に切ってもすぐにはタイヤの角度が変わらない「ゆとり」があります。これを「あそび」と言いますが、なぜ「あそび」があるのか、考えてみたことはありますか？

「あそび」がなければ、ハンドル操作がダイレクトにタイヤに影響するため、少し左右に切っただけで、すぐにタイヤが左右にブレてしまいます。

すると、常に急カーブになってしまうので、方向転換が容易ではなくなります。つまり、方向を変えるには、一度車を止めないといけなくなるのです。

これは、先ほどの消しゴムで途中式をすべて消す行為と似ています。「正しい答えが出ない＝すべて間違い」と極端に考えてしまうと、うまく切り替えられません。考え方に「あそび」がないと、同じやり方に固執してしまうのです。

そうではなく、「間違えたところからやり直せばいい」。そうした心のゆとりを持つだけで、ものごとを柔軟に考える糸口が見えてくるはずです。

挑戦する「土俵を変える」選択もある

「切り替える力」は人生の極意である。そう言っても過言ではありません。

なぜなら、人生は、切り替えが必要な場面の連続だからです。その典型的な例が、努力しているけれども、成果が出ない時です。

仕事の成果が出ない。

受験勉強しているけれども、志望校に合格するだけの学力がつかない。

恋人や配偶者との関係がうまくいかない。

友人との人間関係がこじれている。

習い事のスポーツや武道、楽器、ダンスなどが上達しない。

こうした場合は、同じやり方に固執していてもうまくいきません。自分の気持ちや方法を切り替えることが必要になってきます。

あるいは、活躍する土俵自体を変える方法だってあるわけです。

たとえば、中学校で入ったサッカー部でいくら練習しても芽が出ず、3年生になっても補欠で、1、2年生がレギュラーとして出場しているとしましょう。

あきらめずに、レギュラーを目指して頑張るのも一つの生き方ですが、考え方を切り替えると、様々な道があることに気づきます。

「自分はプレーヤーには向いていないから」とマネジャーに転向する

自分の実力で出られるようなチームに移籍する

という選択も考えられるでしょう。

自分自身が納得していれば、新しい道で良いスタートを切れるはずです。

「逃げ」か「切り替え」か?

この「切り替える力」を「うまくいかないとコロコロ変えて、何も長続きしない大人になってしまうのではないか」と誤解する人がいます。

単に、「逃げているのか」、それとも、「こだわりを捨て、ポジティブに自分を変えようとしているのか」。

見極めるポイントは、**自分の価値基準に従って目標を決めているかどうか**です。

自分が「これをやりたい」「やり遂げたい」という軸があるのなら、土俵を替えることは、逃げでもなんでもありません。

「心の底からやりきった」から違う競技に転向するのは、土俵を切り替えただけで「逃げ」ではありません。

「このジャンルで、努力している人は大勢いるが、自分はとてもそこまで頑張れない」ことに気づいたら、もっと心を燃やせる何かを探すのは、逃げではありません。

自分の心と向き合う中で、「執着・固着していただけだった」と気づくこともあるでしょう。

「みんなからすごいと言われたかっただけ」

「『続けるべき』という周りの声に従っていただけ」

世間の価値基準で判断していた状態から目が覚めただけです。

目標は自分で決めるものだから、同じように引き際だって自分で決めればいい。他人がとやかく言うことではありません。

日記で自分の執着に気づく

とはいえ、切り替えるのは容易ではありません。

日々、忙しく暮らすなかで、自分の心と向き合う時間はあまりないでしょう。

ただ、自分の本音に耳を傾ける時間をつくらないと、軸をつくることもできませんし、自分の心の動きにも気づけません。

そこで、おすすめしているのが、前述した「日記の習慣」です。

上手くいっていないことがあったら、

「何に傷ついたか」

「何が不満なのか」

「何に怒っているのか」

など、自分の気持ちを言葉にしていくと良いでしょう。

自分の心の動きが客観的に俯瞰できるようになります。「こんなバカバカしいことにこだわっていたのか」といった執着、意外な本音もわかるようになるでしょう。

あとがき

「人生の正解」を選ぶのではなく、「選んだ道」を正解にしよう

「逆境を楽しむ力」と「切り替える力」。
この2つの力を身につけると、人生に対する見方が大きく変わります。

「幸せな人生を歩めるかどうかは、自分の気持ち次第」ということに気づくのです。

「幸せな人生を歩むには、有名大学に入ることが重要」
「幸せな人生を歩むには、一流企業に入ることが重要」
「幸せな人生を歩むには、お金が必要」
変なこだわりや執着がなくなって、どんな状況に置かれても人生を楽しめるように

なると、このようなステレオタイプの見方が間違っていることに気づきます。

有名大学に入らなくても、一流企業に入らなくても、お金がなくても、幸せな生活は送れるからです。

私がそれに気づいたのは、花まる学習会を立ちあげる前のことです。

それまでは、電気工事、レストランでの調理、牛乳配達、家庭教師、塾講師…と様々なアルバイトをしてきました。

その中で思ったのは、「自分はどの仕事をしても楽しんで生きていけるな」ということです。

電気工事の仕事は、うまく仕事の段取りをすることが面白くて仕方なかったですし、大将や同僚との会話は、今でも記憶に残っています。大将から、自分の娘の写真を見せられて、「結婚して俺の仕事を継いでくれないか」と言われた時には、それも良いかなと思いました。

牛乳配達のような単調な仕事でも、「3時間半かかっているのを、2時間以内に終わらせる」と目標を決め、配り方の工夫をしてゲーム化していました。瓶を箱に入れる時に、「体重を後ろ側にかけながら入れると、次の配達先への一歩目が早くなるな」などと楽しんでやっていたのを思い出します。

もともと私は、人生のその時々を楽しめる人間ではありましたが、このアルバイト生活を通じて、さらに「人生、どこにいても自分次第で楽しめる」と確信しました。

「人生、どこで何をしていても、自分次第で楽しめる」。

この考えは特別な考え方ではありません。皆さんのお子さんは、公園に行っても、野原に行っても、行く先々で楽しみを見つけ出しているはずです。

そう、この考えは、子どもなら誰でも持っているものなのです。

しかし、「人生には正解がある」「正解から外れると、楽しい人生は送れなくなる」という正解主義の考えを植えつけられることで、「後悔しない選択をしなければならない」「私に一番良い就職先はどれだろう」などと正解を探し始めるのです。

世の中の評価に右往左往し、自分のやりたくないことを選んでしまう。

そして、「こんなはずじゃなかった」と、後悔するのです。

人生に正解などありません。
正解は自分でつくるもの。
選んだ道を正解にすれば良いのです。

そんな考えを持つことができれば、我が子は後悔のない、幸せな人生を送れるでしょう。

人生の正解を探し求めず、自分だけの正解を見つけ出せる子に育てること。
それこそが「つぶさない子育て」の真髄なのです。

〈著者略歴〉
高濱正伸（たかはま　まさのぶ）
Hanamaru Group代表
東京大学卒、同大学院修士課程修了。学生時代から予備校等で受験生を指導する中で、学力の伸び悩み・人間関係での挫折と引きこもり傾向などの諸問題が、幼児期の環境と体験に基づいていると確信し、1993年、幼児～小学生を対象とした学習塾「花まる学習会」を設立。「メシが食える大人に育てる」という理念のもと、思考力、作文・読書、野外体験を主軸にすえ、現在も現場に立ち続ける。2020年から無人島プロジェクトを開始。保護者や子ども、教員向けの講演を年間約130回開催し、これまでにのべ20万人以上が参加している。『伸び続ける子が育つお母さんの習慣』（青春出版社）、『算数脳パズルなぞぺ～』シリーズ（草思社）、『メシが食える大人になる！ よのなかルールブック』（監修、日本図書センター）など、著書多数。

どんな時代でも幸せをつかめる大人にする
つぶさない子育て

2021年10月5日　第1版第1刷発行

著者　高濱正伸
発行者　後藤淳一
発行所　株式会社PHP研究所
東京本部　〒135-8137　江東区豊洲5-6-52
第二制作部　☎03-3520-9619（編集）
普及部　☎03-3520-9630（販売）
京都本部　〒601-8411　京都市南区西九条北ノ内町11
PHP INTERFACE　https://www.php.co.jp/

組版　有限会社メディアネット
印刷所　大日本印刷株式会社
製本所　株式会社大進堂

ISBN978-4-569-84973-7

子育ては、10歳が分かれ目。

高濱正伸 著

「10歳からの子育て」こそ、子どもと親子の将来を左右する！　男女の違い、父母の役割り分担、子離れの仕方を説く、子育て本の決定版。

〈PHP文庫〉定価 本体六八〇円（税別）